第二届中国高校
地理科学展示大赛
我身边的地理学

主 编

中国地理学会

中山大学地理科学与规划学院

·广州·

版权所有　翻印必究

图书在版编目（CIP）数据

第二届中国高校地理科学展示大赛：我身边的地理学/中国地理学会，中山大学地理科学与规划学院主编．—广州：中山大学出版社，2018.3

ISBN 978 – 7 – 306 – 06189 – 8

Ⅰ.①第… Ⅱ.①中… ②中… Ⅲ.①地理学—文集 Ⅳ.①K90 – 53

中国版本图书馆 CIP 数据核字（2017）第 227925 号

出 版 人：	徐　劲
策　　划：	李阳春
责任编辑：	曾育林
封面设计：	曾　斌
版式设计：	曾　斌
责任校对：	马霄行
责任技编：	何雅涛
出版发行：	中山大学出版社
电　　话：	编辑部 020 – 84110283，84111996，84111997，84113349
	发行部 020 – 84111998，84111981，84111160
地　　址：	广州市新港西路 135 号
邮　　编：	510275　　传真：020 – 84036565
网　　址：	http：//www.zsup.com.cn　　E-mail：zdcbs@mail.sysu.edu.cn
印 刷 者：	虎彩印艺股份有限公司
规　　格：	787mm×1092mm　1/16　12.375 印张　274 千字
版次印次：	2018 年 3 月第 1 版　2018 年 3 月第 1 次印刷
定　　价：	38.00 元

如发现本书因印装质量影响阅读，请与出版社发行部联系调换

编 委 会

编委会主任： 柳　林　薛德升
编　　委： （按姓氏笔画排名）
　　　　　　邓孺孺　许　粤　刘丙军　刘祖发　谷晓丰
　　　　　　陈晓宏　张国友　岳　辉　周春山　周素红

第二届中国高校地理科学展示大赛组织

主办单位： 中国地理学会、中山大学地理科学与规划学院
支持单位： 教育部高等学校地理学类专业教学指导委员会
承办单位： 湖北大学资源环境学院
协办单位： 湖北省地理学会、区域开发与环境响应湖北省重点
　　　　　　实验室

大赛学术指导委员会：
　　　　　　张国友　薛德升　张廷军　保继刚　柳　林
　　　　　　李兆华　朱　竑　王腊春　李本纲　陈松林
　　　　　　庹　清　朱连奇　吴志峰　唐晓春

大赛组织委员会：
　　　　　　张国友　汪正祥　李兆华　周素红　许　粤
　　　　　　李　明　周建刚

大赛执行工作组：
　　　　　　孔碧云　封志汉　谢启姣　朱　恒　李　可
　　　　　　王文锋　陈昆仑　谢蔚翰　宋江宇　何嘉明
　　　　　　张济婷　刘明杨　彭伊侬

序

"仰以观于天文，俯以察于地理，是故知幽明之故。"

地理最早出现于《易经》，古老的地理学亦曾被称为科学之母。《山海经》《水经注》《汉书·地理志》《梦溪笔谈》和《徐霞客游记》等记载着先人对地理现象的探索和智慧。近代以来，中国地理学已由常识型向科学型转变，从表象描述为主向深层认识为主，更加融入国家建设和经济发展。

从国家的"一带一路"倡议，到地方发展规划；从天上的卫星导航，到地表的环境治理；从复杂人文现象的研究，到广博自然环境的监测，地理学无不发挥着重要的作用。当前，国家的发展已进入新常态，面临着经济、环境、社会各方面的转型和挑战，地理学将在推进城镇化进程、产业优化升级、缓解资源环境压力、优化国土资源利用、实现可持续发展等方面发挥学科优势，提供理论、方法和决策支撑。

未来的希望在于年青一代。同样，只有充分依靠广大年轻学子，认识地理，关注地理，热爱地理，才能为地理学的创新和突破提供不竭的动力。中国高校地理科学展示大赛也正是出于这样的目的，鼓励本科地理学子运用地理学理论、知识和方法，对当代自然、人文地理现象进行探索、研究与展示，不断提高专业素养和创新创业能力。

此大赛源于由中山大学地理科学与规划学院在2006年创办的华南高校地理科学展示大赛，是华南地区乃至全国具有相当大影响力的地理学术活动。2015年，经中山大学地理科学与规划学院与中国地理学会共同研究，决定将大赛扩展为"中国高校地理科学展示大赛"，面向全国所有高校的地理专业本科生开放，并于2015年和2016年先后在中山大学和湖北大学成功举办了第一届、第二届全国大赛,对全国地理学本科生学科认同的强化、综合能力的提升等方面起到积极的促进作用。

经过多年的发展,大赛作品的水平越来越高。同学们刻苦钻研,选材角度新颖,研究过程严谨,出现了很多与社会发展趋势紧密结合的、高质量的参赛作品。现将优秀作品成书出版,是中国高校地理科学展示大赛的又一跨越,也是地理学界的一大盛事,将对地理科学的传播普及、传承发展产生深远的影响。

地理学当下正处于发展的黄金机遇期,在国家经济社会发展的建设中发挥着越来越大的作用。希望各位地理学的同学能谨记地理学的格局、视野和使命,苦心孤诣,学有所成;也希望更多年轻学子能投入到地理学的研究当中,共同为地理学的发展、为国家的建设贡献力量。

前　言

　　中国高校地理科学展示大赛的前身为华南高校地理科学展示大赛，由中山大学地理科学与规划学院于2006年创办，至今已有10年历史，2015年升格更改为现名，第一届大赛在中山大学举办，第二届大赛由中国地理学会和中山大学地理科学与规划学院联合主办，教育部高等学校地理科学类专业教学指导委员会支持，湖北大学资源环境学院承办，湖北省地理学会和区域开发与环境响应湖北省重点实验室协办。

　　为促进各高校地理学科之间相互联系与交流，提高地理专业学生学习与创新能力、团队协作能力、口头表达能力等综合素质，激发他们对地理学的学习热情，中山大学地理科学与规划学院于2006年创办了"华南高校地理科学展示大赛"，2009年，开始由中国地理学会和中山大学地理科学与规划学院共同主办，并先后在中山大学、吉首大学和福建师范大学成功举办了七届赛事活动，取得了良好的社会效益和示范效应。随着大赛活动影响力不断扩大，逐渐形成了较为成熟的举办机制，吸引了全国各地（含港澳台地区）高校的积极响应和参与。2015年，经中国地理学会批准，大赛扩展为"中国高校地理科学展示大赛"，面向全国所有高校的地理专业本科生开放。第一届全国大赛决赛已在中山大学成功举办，第二届大赛决赛在湖北大学举办。

　　本届大赛以"我身边的地理学"为主题，旨在鼓励大学生对自然、人文地理现象进行探索、研究与展示，提高地理专业大学生的创新能力与创业激情。大赛历时7个月，共有来自全国80多所高校的130余支队伍报名参赛，经由全国20余所高校专家组成的评审团函评，确定人文地理组和自然地理组各20支队伍晋级决赛。决赛期间，来自全国34所高校的260余名参赛选手和18所高校的100余名观摩代表参加了大赛（此次大赛所有与会人员合影见图1），参赛队伍在此展示自我，共同打造了一场精彩纷呈、格外激烈的学术嘉年华。中国地理学会副理事长、执行秘书长张国友研究员、中山大学地理科学与规划学院党委书记谷晓丰、教育部高等学校地理科学类专业教学指导委员会副主任委员郑祥民、湖北省地理学会理事长曾菊新、湖北大学党委书记尚钢、湖北大学副校长杨鲜兰、湖北大学资源环境学院院长李兆华等专家领导出席了大赛开幕式。

图1　大赛合影留念

湖北大学副校长杨鲜兰主持开幕式，尚钢书记代表湖北大学对参赛专家学者和队伍表示欢迎，并详细介绍湖北大学和资源环境学院的基本情况，同时寄托了对本次大赛的良好祝愿。张国友副理事长代表中国地理学会明确了大赛的定位与使命，他用"青年开创未来，科技增强活力"鼓励更多高校师生参与到地理研究与实践，推进中国地理学走向世界。郑祥民教授代表教育部高等学校地理科学类专业教学指导委员会阐述了对大赛的支持和期许，期待通过大赛培育和挖掘更多优秀的地理学人才。谷晓丰书记则代表中山大学地理科学与规划学院对大赛发展历程进行了回顾，倡议通过大赛为加强地理学院校的学术交流搭建平台，不断探索、完善大赛机制，打造属于中国地理学子的高水平学术竞赛，并寄语大赛圆满成功。郑祥民、汤国安、周素红等16名我国知名地理专家学者担任了大赛特邀评委。

本届大赛以"我身边的地理学"为主题，分人文地理组和自然地理组，两组分别进行，此次大赛现场实况见图2。各参赛队根据大赛主题完成参赛作品并进行展示和答辩，评委根据精神风貌、团队配合，作品选题科学性、创新性和答辩环节等指标进行现场评审。选手们以团队合作的方式，围绕主题，通过大量调查研究，从环境污染、生态保护、农民收入、物种入侵、历史街区、小区拆围、城市摊贩、空间公平等方面着手解读"我身边的地理学"。经过激烈角逐，从自然地理组和人文地理组分别产生了一等奖1名、二等奖2名、三等奖3名以及优胜奖和专项奖若干。其中专项奖包括最具学术性主题奖、最具创新性主题奖、最佳表现男/女选手奖以及最佳组织奖。

此外，大赛还举办了赛务研讨会，就大赛组织和举办机制革新进行热烈讨论，并民主推选确定了下届大赛的承办单位河南大学。

图2　大赛现场实况照片

决赛规则：

采用PPT形式分赛组进行现场展示和答辩，每支参赛队伍在8分钟规定时间内进行展示，然后进入限时2分钟的答辩环节，如在30秒内无评委发问，则答辩环节自动结束。答辩环节的时间计算不包括评委提问时间。不设观众提问，答辩结束后评委按照评分细则进行打分。

评分细则：

满分100分，其中，

（1）精神风貌（10分）：展示过程中，队员精神面貌是否积极向上，穿戴着装是否大方得体，言行举止是否得体。

（2）团队配合（10分）：团队配合程度如何，是否协调连贯。

（3）创新性（25分）：研究内容是否具有首创性，研究视角、领域是否有所创新。

（4）科学性（35分）：研究内容是否具有扎实的理论基础，是否具有深度和广度，研究方法、数据以及案例材料的运用是否能正确体现所要表达的观点。

（5）演讲能力与时间控制（10分）：对主题中心表达是否明确，逻辑表达是否清晰、有条理，演讲技巧是否得当并具有吸引力，时间控制是否恰当。

（6）答辩环节（10分）：回答内容是否针对评委提问，回答内容是否完整、有层次。

目 录

大赛开幕式／Ⅰ

上编　人文地理学

第一章　产业地理与空间转型主题／3

城市工业空间格局演变对人文情怀的影响研究
　　——以长春第一汽车制造厂为研究案例
　　　………… 张欢立　李　丹　刘师岑　赵馨彤　谢　畅／5

茶市囧途
　　——广州荔湾茶叶批发市场的地理解码
　　　………………… 黄振峰　王泽宏　李钰君　洪咏怡／8

珠啤情·琶醍续——城市遗产活化下不同群体的恋地情结调查
　　　………………… 孙　鹜　林　凯　郑锦杭　钟淑娴　何钰华／12

第二章　农业经济与乡村社会主题／17

分化、固化与消化：贫困代际传递及其精准阻断
　　——基于宁德市的调查分析
　　　………………… 傅雨瑶　陈子越　许诗吟　陈宏恺／19

农民收入质量：农民最关心的问题
　　——基于投影寻踪模型的四川省农民收入质量分析
　　　………………………… 黄汉勇　龙琴琴　张秋梦／23

乡村性与福祉：从粮食家园的感知到粮仓中国的评估
　　　………………… 林咏园　马　婷　陈晓叶　黄莉娟　闫锦雷／27

改变在发生
　　——用遥感影像探寻农耕文化消亡的足迹
　　　………………… 席　毅　熊洋涛　余启鹏　傅钰雯／31

第三章 校园教育与生活空间主题 / 35

大学校园景观生态规划与设计
——以韶关学院为例 ……………… 蔡佳英 李 唐 叶斯亭 / 37

住 & 行
——长沙市封闭/开放社区交通特征空间分异对比研究
……………………… 黎佳宜 周克杨 曾凡超 罗 璇 / 41

基础设施时空共享模式
——基于大学生时空轨迹数据的分析
……………………… 张 茜 徐杏琳 张 颖 司 博 / 46

为了阳光上学路
——GIS 视角下的小学教育资源空间均衡性的地理学探索
……………… 林铭亮 黄海燕 曾晓岚 陈团培 卢诗铭 / 50

大学城的建立对周边区域影响研究
——以山东济南长清大学城为例
……………………… 王 佳 卢 琪 吴建桥 李霄雯 贾斯琪 / 53

第四章 技术创新和社会发展主题 / 57

珠三角城镇化新进程
——基于机器代替人的视角分析
……………………… 周钰荃 吴金京 陈子琦 颜 淼 陈 健 / 59

高分遥感提取地理信息的海岛登陆作战
……………………… 邱若楠 安勤梦 宋依娜 李茂华 马大伟 / 63

信息发展的不均衡
——新世纪以来我国互联网空间极化现象探究
……………………………………… 牛彩澄 熊志飞 党 琴 / 66

"互联网 +"时代微商女性的空间重构初探
——以香港"幸福狐狸"为例
……………………… 李云茜 姚 田 梁 康 卢子涵 / 69

南京市新能源汽车充电桩空间布局研究
……………………… 杨瑜玲 周文浩 胡昊宇 周 健 贺一舟 / 73

历史街区的死与生
　　——一份来自北京的报告
　　……………………… 廖嘉妍　朱家莹　刘嘉琛　蔺婷婷　李梦天 / 76

下编　自然与综合地理学

第五章　环境问题主题 / 83

广州市海珠区公共用地土壤重金属污染状况及人体健康风险评估
　　……………………… 吕丹娜　孙华欣　林　萍　宋　爽　徐　帅 / 85

"海上卫士"不可承受之重
　　——湛江市红树林重金属含量特征及其污染评价
　　……………………… 柯思茵　曹　升　董小洁　梁健振 / 89

张家界永定城区地表灰尘重金属空间分布特征及健康风险评价
　　……………………… 姜莉欣　刘　焱　谢　欢　欧　成 / 93

银杏树轮宽度和重金属元素对临沂市环境变化的指示意义
　　……………………… 王金玉　张明亮　李　燕　史运坤　刘　甜 / 97

树皮上的硅藻
　　——大气环境指示剂
　　……………………… 秦　波　江伟霞　彭　佳　闫超阳　郑宇坤 / 101

丹江口水库面源污染的调查分析
　　——以五龙池小流域为例
　　……………………… 喻佳洛　付　雅　张嘉欣　胡明艳　王　聪 / 105

城市景观水体水环境质量评价与分析
　　……………………… 马天舒　贾子元　张　灿　姜念念 / 109

3S技术下的广东岩溶区雨水资源空间可利用评价
　　……………………… 陈佳升　陈嘉璇　刘梦瑶　陈　颖　刘秋虹 / 113

吾知君将至
　　——基于生态位模型的非洲大蜗牛中国适生区预测
　　……………………… 李培林　钟　蕊　姜俊浩　黄婉仪　王艳婵 / 117

第六章　气候与灾害主题／121

基于 SPI 的黄淮海平原地区 1961—2013 年干旱时空特征分析
　　…………………… 任鑫帅　张雨晴　邢文雪　李　云／123

基于多源数据的淮河流域干旱监测模型构建及应用
　　…………………… 温庆志　刘嘉敏　王一凡　蔡燕燕／126

广州城市内涝与下垫面的地理探究
　　——以天河区为例 …… 范丽蓉　梁学敏　余朋聪　唐嘉宏／130

天津市中心城区暴雨内涝风险评估
　　…………………… 张笑溯　汪欣欣　况人瑞　王甜莉／134

新展望
　　——新时代下基于 GIS 的海绵城市规划
　　……………………………… 刘　森　郭　霖　王志伟／139

阿拉善高原全新世湖面波动过程
　　…………………… 于昕冉　高芸雅　范成彦　陈彦强／142

第七章　土地覆盖主题／147

基于土地利用变化的城市高温风险评估
　　——以长江流域"火炉城市"为例
　　…………………… 王　芳　苗梦恬　龙秋月　周元瑞／149

气候变化背景下 NPP 对地形和土地覆被因素的响应特征研究
　　…………………… 曾靖宇　姜　琦　孟雨菲　黄思敏　黄　怡／153

寂静的土壤不再静寂 ……… 马秀馨　黄颖菁　刘水玲　江　颂／157

山东黄土的秘密
　　——鲁中山地黄土成因、来源的磁化率、粒度证据
　　…………………… 张　月　赵文轩　宋金铭　韩丹姝／160

鱼与熊掌可兼得
　　——煤粮复合区土地沉陷及治理模式
　　…………………… 祁亚辉　刘　祥　高　爽　刘灿辉　张九杰／165

特邀评论 …………………………………………………………／169

结语 ………………………………………………………………／172

附录　第二届中国高校地理科学展示大赛队伍获奖名单 ……／174

大赛开幕式

　　2006年，中山大学地理科学与规划学院为促使地理类学生适应新世纪新社会的发展需要，将学生培养成为综合性高素质人才，倡议举办面向本科生的地理科学展示大赛，得到了众多地理学教授的响应和热心帮助，为华南地区高校地理学本科生的学术交流搭建了一个很好的平台，在培养地理类及其他各相关专业学生的学术创新能力、团队协作能力、演讲答辩能力等方面发挥了积极的促进作用，其影响力在港澳台地区地理学子中日渐提升，并获得众多专家、同行的高度肯定。2009年，该系列大赛开始由中国地理学会和中山大学共同主办。2013年，吉首大学承办的第六届华南高校地理科学展示大赛，首次由中国地理学会和中山大学地理科学与规划学院联合主办，参赛院校不仅涉及华南地区，更进一步扩展到东部沿海、西南地区及香港地区。2014年，第七届华南高校地理科学展示大赛由福建师范大学承办，得到国内更多院校的关注和积极响应，参赛院校进一步扩展至华东及台湾地区，加强了内地与港澳台地区地理学子的学习与交流，在地理学本科人才培养方面发挥了积极的推动作用。2015年，在中国地理学会和教育部高等学校地理科学类专业教学指导委员会的大力支持，以及各位专家的共同努力下，最终促成了"中国高校地理科学展示大赛"的诞生，并由中山大学地理科学与规划学院承办首届大赛。

　　大赛一方面突出地理特色，培养学生用地理学的视角和地理学方法去理解、解释、解决生产生活工作中的问题，推进学生学术科研、专业思考等方面的素质；另一方面大赛突出综合素养，学生可以通过这一平台，将其专业学术研究结果简明清晰地展示给观众，培养学生演讲答辩、团队协作等方面的综合能力以及良好的精神气质。由各参赛高校派出教授组成的专家评审小组，对参赛作品的学术性、创新性以及参赛选手的展示风貌、表达能力、逻辑能力等进行综合考查，对学生的学术科研能力和综合素质都有较高要求，参赛作品和选手的水平也逐年提升，为培养地理类及其他各相关专业学生的学术创新能力、团队协作能力、演讲答辩能力、精神气质风貌等发挥积极的促进作用。

2016年11月18—20日，第二届中国高校地理科学展示大赛决赛在湖北大学会议中心举行，以下是各位领导、老师的开幕式致辞。

尚钢（湖北大学党委书记）：

尊敬的各位专家教授，各参赛代表队的同学们、老师们，大家上午好，今天我们共同相聚湖北大学，在此隆重举行第二届高校地理展示大赛，首先我代表湖北大学对大家的到来表示热烈的欢迎。同时，对各位专家、学者、教授长期以来对湖北大学的关心支持表示衷心的感谢。湖北大学是湖北省人民政府与教育部共建的省属重点综合性大学，有着悠久的办学历史，2016年已经是学校建校85周年。学校学科门类齐全，重点学科突出，其中材料科学和化学两个学科进入国际学科排名全球前1%，地球与环境科学、化学、生命科学三个学科，均在自然指数的排行中进入了国内高校百强的行列。我们学校也是国家首批学位授权单位，同时在省内通过了本科教学评估，并拥有国家"千人计划""万人计划"等优秀学者。此外，在全球建有两所孔子学院和一个孔子课堂，其中两所孔子学院两次双双荣获"全球先进孔子学院"的称号。湖北大学一直高度重视地理学科的建设与发展，学校地理学科自1942年开创，经过70余年的发展，该学科现为湖北省重点培育的学科，拥有湖北省省级

大赛开幕式

重点实验室一个、农业部遥感重点中心一个、武汉市工程技术研究中心两个、湖北省重点实验教学示范中心两个。近五年来承担了国家自然科学基金20余项,国家科技部和国防重大项目15项,省部级科研项目40项,企事业单位委托的项目近200多项,曾经荣获国家科技进步二等奖1项、省部级科技奖10余项。

我们学校高度重视并鼓励支持地理学的发展,特别是李兆华院长长期以来主要从事环境生态研究和人才培养的教育教学改革,取得了卓越的成绩。他长期致力于研究农村污水资源处理问题,带领团队研究的生物浮岛水上农业技术等得到了很好的推广和运用,为农村水环境保护作了较大的贡献。我们环境资源学院汪正祥书记,长期致力于自然保护与植物生态研究,组织了多项国家级省级的实地科研自然保护区科学考察的总体规划。近期湖北将建设国家级森林公园,汪正祥书记也作为主要的规划者,承担了这次重大项目。学校在地理学科的发展与建设方面给予了高度重视。

党的十八大以来,国家把生态园林建设纳入中国特色社会主义事业"五位一体"的总体布局,明确把绿色发展列为重要的发展理念。研究地理学,可以让我们感受地理的自然和人文之美,更好地开发和保护各类资源,实现人与自然和谐发展。面临新的形势,地理学科的建设与发展尤为迫切,举办中国高校地理学科展示大赛,正是对国家发展战略的积极响应,必将进一步引领地理学科专业的建设,促进人才培养质量提升,作为承办方,我们一定尽最大努力做好各项服务工作。昨天晚上我来到大会现场和各个分会场,发现各高校老师及同学在认真地组织与培训,这充分反映了各高校对这次竞赛的高度重视。我也问候了我们的同学和各个高校的领队。

2016年是"十三五"的开篇之典,我们湖北大学希望与各高校在人才培养、学科建设、科研和服务社会等方面积极开展协同创新,希望大家一如既往地关心、支持湖北大学,支持我校地理学科专业的建设和发展。最后,预祝本次大会取得圆满成功,祝愿大家在湖北大学度过一段美好的时光,谢谢!

张国友(中国地理学会副理事长、执行秘书长):

尊敬的尚书记、杨校长,我们地理界的领导、老师和亲爱的同学们,大家上午好。第二届中国高校地理科学展示大赛的决赛,今天在湖北大学举行,我首先代表地理学会为这次大赛的成功举办表示热烈祝贺,同时也向承办这次大赛的湖北大学表示衷心的感谢。我们的校领导、院领导、老师以及同学们辛勤努力地做了扎实的工作,保证了这次大赛的开幕。同时也向参加这次大赛,包括前期参加预赛的180多所高校、100多个队伍的老师和同学们表示感谢和欢迎。因为你们对这次大赛的支持与响应,是我们工作的动力。这次大赛的前身是2006年中山大学发起的华南高校地理科学展示大赛,应该说是创办于广东广州,成长于华南,今天我们发展壮大到了全国。所以这一路走过来,从广东地区、华南地区到全国,我想无疑是给全国高校地理学科的学生们搭建了一个非常重要的展示平台。我们也很高兴地看到,参赛的队伍不断地增加,大家非常踊跃,所以我们要感谢中山大学历届领导一贯的支持和奉献。

我们通常说地理学是一个既古老又年轻的学科,也是一门经世致用的学问。中国改革开放以来,国家对地理学的需求非常旺盛,我们地理学在基础研究以及支持国家建设方面做了大量的工作,取得了非常优秀的成绩,我们的工作也随着国家的发展,得到世界各国的高度重视。所以2016年8月我们在北京承办了第三十三届国际地理大会,这是国际地理大会创办145年来,第四次在亚洲举办,第一次在中国举办,同时第十三届世界中学生地理奥林匹克竞赛也在北京举办。这些活动无疑对中国地理学的发展注入了巨大的推力,那么我们中国地理学如何乘势而上,把我们过去这些年取得的实际经验、取得的成果不断升华,靠谁?靠我们未来青年一代。

我通常爱说的一句话叫:"青年开创未来,科技增强国力。"现在国家发展中遇到一些瓶颈,李克强总理经常在全国各地动员。我认为我们大学生展示大赛的一些以学术为主的成果,可能可以逐渐转化成为创新创业的一个抓手,成为为国家、为社会服务的一个推力。另外也讲"江山代有才人出",过去我们为促进中国地理学的发展也做了大量工作,但是在国际上的显示度没有达到我们应有的水平。我们很期待未来的大学生,通过你们孜孜不倦的努力,能够把我们中国的地理学研究,把我们的理论成果再升华,把我们的方法进行提炼,使我们中国地理学未来真正走向世界,对世界地理学有所贡献,所以大赛承载着很多希望。我相信通过老师和同学们的努力,中国地理学的发展一定会越来越好。最后预祝这次大会圆满成功,祝愿各个代表队取得丰硕的成果,谢谢大家!

郑祥民(教育部高等学校地理科学类专业教学指导委员会副主任委员):

尊敬的尚书记、杨校长,各位专家、老师,各位同学,早上好!首先请容许我代表教育部地理科学类教学指导委员会院士、主任及整个委员会,对第二届高校地理科学展示大赛的成功举办表示热烈祝贺。我们两个礼拜前在昆明召开教职委员会,整个委员会的老师、委员都非常重视地理科学展示大赛。2015年中山大学举办了第一届大赛,大家发现这种模式对学生的培养及发展起到了非常好的作用,引起各个高校、各个学院以及我们众多老师的高度重视,所以老师、同学们参赛的热情和作品水平越来越高。这对我们地理学及地理学的人才培养来讲是非常好的突破。

V

众所周知，地理学是综合性非常强的学科，尤其强调学生的动手能力和实践能力。过去大家都遵循传统的人才培养模式，而现在我们各个高校、各个学院、各个老师都在探索人才培养的新模式，特别加强对学生的科研能力、创新能力的培养。地理科学展示大赛表明了各个高校对学生综合能力培养的重视，同时在创新培养模式方面起到了很好的作用。高校应当尤其注重创新人才培养方式，注重优秀人才的培养。

以前国家联合高校成立国家地理学理科人才培养基地，采用创新的方式培养地理学人才，取得了很好的成效，很多学生成为新一代的优秀学者，是地理学学科发展的主要后备人才。所以，我们应当不断摸索、不断扩大这种人才培养模式的创新活动，用创新的方法把最优秀的学生培养成为国家的栋梁之材。因而，高校地理科学展示大赛的意义非常深远。

另外，这样的活动也得到了各个高校、各个组织的老师、领导的高度重视。我们一直在摸索适合学生发展的人才培养模式。在对学生进行综合考核时，不应当仅以课堂的成绩作为标准，同时应当考虑学生在各类创新、科研活动中取得的成绩。在创新科研活动中取得优秀成绩的学生，往往在未来的发展道路上也会有很好的成绩。同时大赛不仅是培养人才的创新方式，也是我们老师展示自己的平台。现在一些年轻的高校老师压力很大，既要教学，又要科研，同时还要在人才培养上作出自己的贡献。而高校地理科学展示大赛提供了一个很好的平台，可以成为我们青年老师发挥自己才能的一个非常好的抓手，这样一个重心抓手做好了以后，也能展现老师的才能。所以我认为这样的模式非常好，符合我们学科的实际情况和发展规律。

最后，预祝我们这次大赛取得圆满成功，同时也预祝各参赛的队伍取得优秀的成绩，谢谢大家！

谷晓丰（中山大学地理科学与规划学院党委书记）：

尊敬的尚书记、杨校长、张国友研究员，各位老师、各位同学，大家上午好！中山大学作为此次大赛的主办单位之一，我感到十分荣幸，更感到十分欣慰，因为大会在不断地发展与壮大。回想10年前，在2006年，为了培养具有专业技术知识、科研创新能力、良好团队协作精神，同时具有高度社会责任感的高素质、综合性的地理科学人才，中山大学地理科学与规划学院的部分教授拿出自己的科研经费，组织了第一届地理科学展示大赛。虽然大赛当时局限于校内，但老师和同学们都感受到活动对学术建设，特别是对培养具有特色的地理学人才有很积极的作用，因此我们一直坚持下来。到2013年，我们走出了华南，到吉首大学举办；2014年由福建师范大学承办。最难得的是2015年，承蒙中国地理学会的厚爱和支持，我们将大赛扩展为全国性的比赛。在去年的首届大赛中，各高校踊跃参加，我们积累了很多经验。今天我们团聚在湖北大学，举行第二届中国高校地理科学展示大赛，这是我们全国高校地理学科的一次人才培养的展示，也是一次学术交流的聚会，我们有信心在原来的基础上把它办下去，而且会办得越来越好。

中山大学以培养德才兼备、领袖气质、家国情怀的人才为己任，我们很高兴也很荣幸，大赛经过了近十年的积累，发展成为培养学生创新能力和团队协作能力，提高学生综合素质的有利的平台，也更是我们全国高校地理学科的学生进行学术交流的平台。2016年，大赛组委会收到了很多同学和老师反馈的意见，希望能够拓展大赛交流平台的渠道，进一步推进大赛的发展。今与中国地理学会协商，为更好地发挥大赛学术交流的作用，并将其影响辐射到本科学生培养的改革创新当中，本次大赛将把参赛的作品和感悟等制作成影音资料，与兄弟院校进行交流并供同学们学习。这也是我们十年来大赛成果的一个综合展示,在这里对一路走来许许多多台前台后的工作人员付出的心血和努力,再次表示衷心的感谢。感谢中国地理学会和教育部高等学校地理科学类专业教学指导委员会的支持,感谢各位老师的支持和指导,感谢学生的努力,还要再次感谢湖北大学的高度重视和支持,感谢湖北大学资源环境学院承办这次大赛,他们为这次大赛做了富有成效的工作,为大赛的顺利举行提供了优良条件。最后预祝大赛圆满成功,诚祝各位身体健康,在湖北期间,能够身心愉快,并祝在座的每一位同学能够取得佳绩。谢谢大家!

上编　人文地理学

此次大赛专家按创新性、科学性、可行性进行综合评分，最终确定了人文地理 20 支参赛队伍入围全国总决赛。参赛的队伍围绕"发现身边的地理学"的主题开展各自的研究工作，本次入围的作品主题可以分为四个：产业地理与空间转型、农业经济与乡村社会、校园教育与生活空间、技术创新与社会变革。下面对四个主题进行作品展示。

第一章　产业地理与空间转型主题

城市产业地理方面，城市产业空间是城市经济、社会发展的空间投影，与产业结构密切相关。在市场机制的作用下，附加值低的产业必然被附加值高的产业所排斥，从而完成特定空间的功能更替，城市功能也趋向多元化，这也是城市化与工业化过程当中必然经历的空间转型。

随着城市产业空间转型的深入，大量产业存量低效空间难以释放，产业空间支撑面临挑战。产业空间转型受到产业发展路径依赖、多元利益主体博弈下的产业空间固化、产业空间碎片化等多方面因素的制约。基于城市产业空间发展转型和人文情怀的延续，参赛的队伍从不同的角度进行讨论，如长春师范大学对汽车制造厂的空间格局演变对人文情怀的影响的研究，又如中山大学新华学院对"珠江啤江厂的厂房改造"过程中的产业空间活化与转型的探讨，另外还有茶类专业市场的研究，非正规的摊贩经济等，这些都是城市当中人文地理值得深入挖掘和思考的重要维度。

第一章　产业地理与空间转型主题

城市工业空间格局演变对人文情怀的影响研究——以长春第一汽车制造厂为研究案例

张欢立　李　丹　刘师岑　赵馨彤　谢　畅

指导老师：孙　娜

（长春师范大学）

主持人：东北老工业基地是中国发展的重大起步和摇篮，在我国的发展历程中具有功不可没的作用。长春师范大学带来了关于《城市工业空间格局演变对人文情怀的影响研究——以长春第一汽车制造厂为研究案例》。

长春师范大学：学地理学，览天下景观。做地理人，练博大胸怀。尊敬的老师、同学们，大家好！今天我为大家汇报的是关于城市工业空间格局演变对人文情怀的影响研究，以长春第一汽车制造厂为研究案例。汇报内容主要包括研究概况、调研与分析、相关对策。

一、研究概况

经过60年的发展，长春成为名副其实的中国汽车工业的摇篮。在令人如此骄傲的背景下，为何长春市民不仅不了解"一汽"，反而对其有诸多抱怨？针对市民情怀发生的巨大转变，我们进行了系统研究。为了揭示汽开区"城中城"的现状、研究用地空间演变对人文情怀的影响、增强市民对其情感认同度。我们以土地空间及长春市民为主要调查对象。同时利用大数据调查方法了解到汽开区现状，它位于长春市西南部，行政管辖面积110平方千米，建成区面积23平方千米，交通十分便捷。

在对"一汽"进行初步研究和了解后，我们进行了详细调研和分析。主要采用实地踏勘、问卷、访谈、文献和大数据5种调查方法。研究按前期准备、开展调研、分析数据以及得出结论四大板块进行。下面是"一汽"用地演变历程。

第一阶段：初建时期。"一汽"于1953年建厂时建设第一生活区，1956年完成了150万平方米的企业基地建设。

第二阶段：扩建时期。1983年开始建设第二生活区，总占地225万平方米。

1986年完成了对老厂区西侧293万平方米土地的征用，用来建设"一汽"二厂，这是建厂以来最大规模的扩建工程。

第三阶段：发展时期。从1991年至今，"一汽"蓬勃发展，2005年是公司一个新的转折点，全国首个政企共建开发区——长春汽车产业开发区成立，总占地110平方千米。

二、调研分析

从发放的600份调查问卷中，整理收回了578份有效问卷。调查期间，在回答"'一汽'在您心中地位"时，大部分老员工语气里透露着自豪、骄傲，而年轻员工只是把"一汽"当作谋生的手段。我们不禁思考：为什么会出现这种现象？当我们把调查转向"一汽"城内居民时，发现大多数居民对"一汽"的了解程度普遍偏低。我们思考：什么原因使得"一汽"城内居民对"一汽"也缺乏了解呢？针对"一汽"城外居民我们开展了进一步的调查，通过半结构式访谈发现，他们对"一汽"还是渴望了解的。问题来了，"一汽"如何完善才能提高市民对其认同感呢？综合以上调查分析，我们总结出如下结论：1953年建厂，企业经济发展蒸蒸日上，当时人们引以为傲；随后形成了独立的行政区划，市民对其产生隔阂；子公司建设过多造成大规模人口流动，情怀淡化，出现抱怨、不满现象，如今制度老化、机制臃肿，使得市民的向心力和凝聚力日益下滑。对此，我们又该如何改善呢？

三、相关对策

我们的解决对策主要有厂区环境整治、企业文化延伸、提供交流平台、发展工业旅游四个方面。"一汽"的建筑是特定时期的代表，结合了中国与苏联建筑的特点，在长春的工业文脉传承上起着重要的作用。

对策一：厂区环境整治。

"一汽"内部建筑独具特点，但由于历经风雨，许多建筑年久失修，建议在保留特色建筑的同时，修建一些能与总体风貌融合在一起的建筑小品，使"一汽"内部工业韵味更加浓厚。

对策二：企业文化延伸。

通过网络资料收集，我们发现，现在的"一汽"厂区管理过于封闭，并没有形成一种开放对外、不断创新的工作氛围，建议定时向市民免费开放"一汽"厂区和特色展馆等，让市民了解"一汽"的文化特色和工业生产线。

对策三：提供交流平台。

希望"一汽"扩大产业效应，使产业向多元化发展。

主要通过：①提供技能竞赛平台，开设有偿技能培训。②广泛开展校企合作模式，促进人才交流。

对策四：发展工业旅游。

2016年长春市规划院出台文件将五大区域规划为历史文化街区，为"一汽"的文化保护提供基础。

借用其现有优势，发展如下工业旅游路线：

主要有以下七个景点：长春国际汽车公园、红旗汽车文化展馆、汽车广场、一汽－大众汽车制造厂、第一汽车制造厂、汽车博物馆、长春国际汽车展览中心。

通过以上对策，希望增强"一汽"的对外开放性，让市民充分了解"一汽"、热爱"一汽"。

我们主要从"一汽"的用地功能、空间结构和人文情怀三个维度进行研究。通过本次研究，我们希望通过开发工业旅游、传承"一汽"工业文脉的方式，打破"一汽"的封闭现状，带动长春的经济发展，提高市民对"一汽"的情感认同度。

茶市囧途
——广州荔湾茶叶批发市场的地理解码

黄振峰　王泽宏　李钰君　洪咏怡
指导老师：刘艳艳　张凯煌
（广东财经大学）

主持人：茶作为一种古老的饮品，尤其深受广东人的喜爱。广州作为经济发展的始发港之一，一直有着独具特色的文化。在"一带一路""互联网+"的背景之下，广州茶叶市场将面临怎样的机遇和挑战呢？以下是广州财经大学带来的关于《茶市囧途——广州荔湾茶叶批发市场的地理解码》的报告。

广东财经大学：大家好，我们是来自广东财经大学的代表队。我们带来的作品是《茶市囧途——对广州荔湾茶叶批发市场进行地理解码》。

一、研究背景

160个国家，30亿人爱喝茶，中国年产茶198万吨，人均年喝茶566克；广东人均年喝茶1000克，珠三角人均年喝茶高达2000克，广府茶楼、潮汕工夫茶，客家擂茶文化世代相传，茶与我们的生活息息相关。

荔湾茶叶批发市场位于广州市荔湾区芳村一带，发展历史悠久，极负盛名。市场内有21个茶叶市场，经营范围涵盖茶叶、茶具和茶工艺品，商品销售以珠三角为主，远销欧美和东南亚，具有较强的国际影响力。2006年市场交易额超过60亿元，占中国茶叶批零交易总额的2/5。荔湾茶叶批发市场是中国规模最大、辐射最广、商户最集中的茶叶集散中心，被誉为"中国茶叶华尔街"。行业素称：中国茶市看广东，广东茶市看芳村。

然而，近些年来，荔湾茶叶批发市场销售额下降，市场繁荣程度也有所下降，发展陷入困境。那么这种困况从何而来，又该如何解决呢？下面让我们来地理探究一番。

二、研究设计

我们小组通过实地调研，深入访谈，并结合文献分析，得出人口、交通、集聚程度等因素影响批发市场布局，从地理学角度提取了3个层面的因子，它们分别是交通区位、市场需求和政策规划。

首先，让我们来了解一下荔湾批发市场的发展历程。

在古代，广州是丝绸之路的起点，茶叶作为主要出口商品之一，茶叶贸易越发昌盛。自广州一口通商，茶叶交易额节节攀升，1840年茶叶市场繁荣达到巅峰时期。到了近代，因战争频发和外资侵占中国资本市场的影响，茶叶生产几乎停止，市场此时处于发展停滞时期。在现代，茶叶批发市场先后经历过计划经济的调整期，改革开放的快速发展期，以及荔湾行政区划调整后的成熟稳定期，随着经济进入新常态，荔湾茶叶批发市场现正处于转型期。

三、研究分析

了解了荔湾茶叶批发市场的发展历程后，我们从交通区位开始分析。荔湾茶叶批发市场——以芳村大道中为主干，沿山村路、洞企石路分布，同时，市场邻近交通节点，能够在短时间内到达重要的交通枢纽，交通通达性好。

但是，随着城市的发展以及市场规模的不断扩大，市场内道路狭小，拥挤问题日益严重，与城市周围环境不相符。同时，其他区域交通运输条件改善，荔湾茶叶批发市场的交通区位优势减弱，导致吸引力和影响力下降。

一方面，荔湾茶叶批发市场早期布局在地价便宜的边缘地区，但随着城市化进程的不断推进，当年的边缘地区已经成为城市中心区，地价不断上涨，2010年荔湾茶叶批发市场商业地价从2849元/平方米上升至15864元/平方米。交通区位的相对变化，使得地租成本上升。

另一方面，由于茶叶体积小便于运输，在交通运输效率快速提高、成本大大降低的情况下，茶叶销售不再局限于大型、传统批发市场，荔湾茶叶销售地的区位优势进一步减弱。

从市场需求的角度分析，荔湾茶叶批发市场的需求减少。主要原因是：

（1）总体经济发展形势放缓，消费者消费回归理性，更加注重茶的品质和内涵，礼品性需求等非刚性需求减少。

（2）受电商发展影响。电商打破传统市场的时空限制，市场信息流通较快，经营成本低，发展迅速。目前茶叶电商有以天猫、淘宝为代表的 B2C、C2C 平台，茶行业自建平台，茶企自建平台以及微信自媒体等，类型多样。以天猫、淘宝为例，这两个平台近年茶叶网上销售额不断提高，增长速度快，2015 年达 88 亿元；同时，2011—2014 年，中国茶叶电商交易规模呈上升趋势，传统茶叶市场的销售不断遭到分割。

（3）荔湾茶叶批发市场属于集散型批发市场，经营模式易复制，缺乏核心竞争力。从 20 世纪 80 年代到现在，平均每年就有一个市场建成营业，本地区市场同质化严重，竞争压力大。

各地茶叶批发市场的兴起进一步分流了荔湾茶叶批发市场的市场份额。

从政策规划角度分析，荔湾茶叶批发市场先自发形成，后逐渐规范优化，导致不同时期茶叶批发市场的建设水平参差不齐。

首先，在市场形态层面，荔湾茶叶批发市场的市场形态主要有 3 种，分别是自发形成的沿街型、集中成片的市型和分布在大型多层建筑内的城型，由于各市场缺乏统一开发规划，导致整体建设混乱。另外，不同时期建设的市场也出现了参差不齐的情况，早期建设的茶叶市场比新规划的市场更具优势，原因在于早期建设的市场已经积累了相对稳定的市场群体，而新建的市场没有发挥好新功能，难逃同质化的命运。

其次，市场管理层次低，配套设施损坏明显。

四、结论与对策

通过分析 3 个地理因素的变化情况后，不难看出荔湾茶叶批发市场之困，主要在于交通区位优势减弱，市场需求下降，政策规划不合理等方面，那么荔湾茶叶批发市场该如何破困成型呢，我们小组提出了以下对策：

（1）交通方面，借助轨道交通、物流运输网络、综合交通运输体系提高市场的交通通达性。

（2）市场方面，可以依托"一带一路"扩大国外市场，也可以结合现代元素开拓年轻消费群体市场。再者，依托线上线下电子商务开拓实体市场。

此外，还要加强品牌运营法律法规的普及，培育品牌意识，同时结合茶文化，打造荔湾茶叶品牌。

（3）规划方面，合理引导茶叶市场规划转型升级，通过推广经营，提高服务水平；加大市场监管力度，规范市场秩序，提高市场建设水平。

我们的展示到此结束，敬请各位评委老师批评指正，谢谢！

珠啤情·琶醍续
——城市遗产活化下不同群体的恋地情结调查

孙 鹜 林 凯 郑锦杭 钟淑娴 何钰华

指导老师：唐 波 张媛媛

（中山大学新华学院）

主持人： 恋地情结是人文地理主义思想领导者的核心思想，现有的琶醍游览者和珠啤见证者这两个群体共同的情感纽带的产生和延续又是如何发展的呢？下面有请中山大学新华学院为我们带来《珠啤情·琶醍续——城市遗产活化下不同群体的恋地情结调查》。

中山大学新华学院： 尊敬的各位老师，大家下午好！今天我们向大家展示的是《珠啤情·琶醍续，城市遗产活化下不同群体的恋地情节调查》。我们的展示分为四部分：引言、时空演变、情续琶醍、结论与建议。首先让我们来看下"引言"部分。

一、引言

本届大赛的主题是发现身边的地理学，我们由此想到了"三旧改造"。"退二进三"使城市内部用地产生了变更，旧工厂承载的功能发生了改变。同时，工厂转化为创意产业园，导致原有旧工厂的文化认同和情感出现转移。

我们本次调研历经9个月，分为六大步骤、资料查阅、初步调研、讨论分析、回访调研、后期完善、分析建议，对琶醍游览者和珠啤见证者情感上的不同进行分析和研究。

对此，我们利用人文地理学者段义孚的恋地情结，从人对场所的物质环境认同、行为参与认同以及情感与意义的体验认同三个方面进行研究。

以段义孚的"恋地情结"为思路,研究不同群体的情感,发现珠啤见证者及琶醍游览者这两个不同群体对琶醍产生的不同情感之间的联系。

我们通过实地调研法、文献研究法、访谈法、问卷法以及 ArcGis 分析法对位于广州市海珠区阅江西路的琶醍进行调研,阐述两代人对琶醍前后的情感,发现琶醍游览者和珠啤见证者对琶醍产生共同的情感纽带,探索产业园规划的新路径、新思路。

二、时空演变

珠啤时空演变部分,其中时间演变分为 5 个阶段:①开创期,新的引进促进新的品牌热情。②发展期,珠啤再创新发展,载誉归来,成为广州市民的骄傲。③成熟期,珠啤的生产规模与生产技术日趋成熟。④衰退期,随着城市发展,成本上升,珠啤面对未来步履维艰。⑤转型期,结合珠啤旧厂房的改造,琶醍成为珠啤记忆的延续。

外部空间演变部分,随着海珠有轨电车的发展,海珠岛北形成了由旅游集聚发展的带状地域综合体。在海珠区的旅游规划中,提出"一环一轴三区"的观点,即以广州塔为核心,设计旅游线路,覆盖全区主要旅游景点。

内部空间演变部分,珠江啤酒厂经过三期改造建设,成为琶醍产业园。在第一期建设中,通过建设景观平台来联系各建筑内部;在第二期改造中,集中改造旧厂中心区域,并完善内部道路;在第三期建设中,通过增加绿地面积和标识性建筑,增强琶醍地块的整体性。

三、情续琶醍

琶醍历经时空演变,从历史、精神、地域、品质活化了珠啤遗产,丰富了琶醍情感。琶醍通过依史活化、依义活化、依地活化、依时活化四个方面,活化了珠啤遗产,使其蜕变为如今的琶醍产业园。

依史活化就是还原性活化。琶醍建于旧厂原址,它不仅保存了广州轻工业发展历史的城市轨迹,还承载着珠啤见证者的青春岁月。依义活化就是承袭性活化。琶醍通过啤酒文化,结合啤酒主题活动,充分发挥敢于创新、拼搏与进取的珠啤发展精神。依地活化就是利用旧厂原址,挖掘人们对这块土地的旧情怀。依时活化就是适时性活化。琶醍通过植入观光、娱乐、购物和文化交流等功能，满足人们对新时代高品质生活的追求。

从珠啤见证者的访谈中可以得出其对珠啤地块的恋地情结。

物质上，珠啤见证者不仅经历了珠啤厂的起起落落，还见证了珠啤厂向琶醍啤酒文化创意园的蜕变。他们怀念珠啤厂的一砖一瓦、一景一情，却也展望未来。现如今，琶醍改造规模不断扩大，越来越多的建筑坐落于此，但在这些见证者的眼中，旧厂房、麦芽仓、烟囱才是这块地的归属，而创意园的改造也着重保留了部分厂房、标志性的麦芽仓及烟囱，成为珠啤见证者集体记忆的重要载体，也使得珠啤见证者对珠啤建筑的认知认同逐渐转移至琶醍。行为上，在广州"退二进三"的政策下，改造原珠啤厂地块势在必行。面对旧珠啤的改造，有人选择留守，有人选择期待，有人选择回望，他们以不同的行为方式参与了珠啤地块的改造，通过他们各自的行为认同，将对旧珠啤厂恋恋不舍的情感转化为希望，寄托于新生的琶醍中。珠啤的情，琶醍来续。情感上，广州日新月异的发展离不开物质载体的更新换代，旧珠啤的改造使得琶醍成为珠啤见证者集体记忆的重要载体，展现了广州"敢为天下先"的岭南精神。

我们从琶醍游览者的角度进行分析。在物质环境的认知认同方面，瓦尔特本雅明说过："即使是废弃的建筑物也会留下种种痕迹。"琶醍旧厂房是集体记忆的重要载体，是具体化了的文化认同。本小组通过问卷调查得知，前往琶醍的大部分年青一代喜爱琶醍的改造，并对其餐饮服务及服务设施表示满意。琶醍保留了原珠啤厂的大体建筑，延伸了其啤酒文化，使其成为啤酒文化创意产业园，在物质环境方面，游览者认同了原珠啤厂改造成为琶醍。

在行为的参与认同方面，本小组通过问卷收集得知，有近五成的受访者是通过长辈的介绍了解琶醍的，其中有近七成的人表示愿意与老一辈一同前往曾作为珠啤酒厂的琶醍进行游玩参观。通过对这部分人群的深度访谈，了解到他们对琶醍的态度是积极的，通过问卷和访谈结果可以直观地感受到他们与老一辈有珠啤旧厂和琶醍共同记忆。

在情感和意义的体验认同方面，我们通过问卷调查发现有近九成的受访者愿意深度了解珠啤，他们认同琶醍能够很好地继承原珠啤的精髓，同时大部分受访者也接受琶醍营造出来的啤酒文化新形象，对原珠啤厂改造的琶醍产生新的情感。

四、结论与建议

通过以上分析,琶醍游览者和珠啤见证者在物质、行为、情感三方面虽有差异,却有共鸣。结论与建议框架见图1。

从两个群体情结的共鸣来看,琶醍游览者和珠啤见证者三个基本要素相同,他们分别呈现出的变化特征也相同,所以情感作为琶醍游览者和珠啤见证者的纽带,能够联系两个群体,使其情感仍能有效地促进琶醍产业园的发展。

最后,我们发现,无论哪个群体,对遗产活化后的琶醍都产生了真真切切的依恋,在情感作用下,他们越发地对琶醍产生强烈的归属感。所以我们应该注重文化对城市遗产活化的影响,注重情感的延伸价值,寻找与发掘产业园的文化认同感。

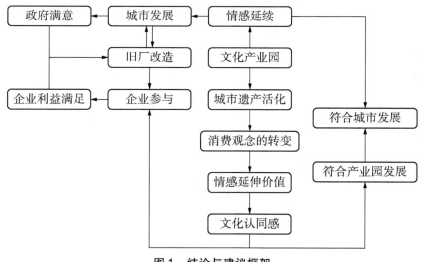

图1 结论与建议框架

第二章　农业经济与乡村社会主题

　　随着中国改革开放的不断深化，妥善推进城乡统筹，提高农民收入，以人为本，实现农村地区可持续的工业化与城镇化，成为实现农村转型发展的重大现实问题。在这样的背景下，人文地理学以其独特的综合性、区域性优势，不仅在可持续农业和农村城镇化发展研究中发挥着重要的作用，同时也在乡村社会与人文情怀当中投入了更多关注。本次人文组参赛作品当中出现了多个深入关注农民和农村的作品，如内江师范学院和福建师范大学分别探讨了农民最核心的收入问题和由此可能带来的代际贫困传递，揭示了在中国快速城市化和工业化的背景下，农民低收入阶层固化的现象。此外，还有对农业和农耕方面进行系统研究，如福州大学团队从粮食家园感知评估的角度讨论乡村性与福祉，武汉理工大学团队用遥感影像探寻着农耕文化的变迁与消亡。这些研究，对我国转型期城乡一体化协调发展具有重要意义。

分化、固化与消化：
贫困代际传递及其精准阻断
——基于宁德市的调查分析

傅雨瑶　陈子越　许诗吟　陈宏恺
指导老师：祁新华　林　峰
（福建师范大学）

主持人： 以下是福建师范大学带来的报告。

福建师范大学： 贫困问题突出是人地关系失衡的重要表现，尤其是在连片贫困区的贫困地理现象，这是地理学者关注的热点。贫困代际传递是摆脱贫困的挑战之一，它指的是贫困及导致贫困的相关条件和因素，由父母传递给子女，使得子女在成年后重复父母的境遇的恶性循环。"寒门难再出贵子"，穷二代要拿什么和富二代竞争？这是当前现实而又悲凉的社会现象，正是贫困代际传递的生动写照。因此，阻断贫困代际传递是我们的目标，也是我国摆脱贫困，实现全面小康社会的目标。

今天，我们展示的是《分化、固化与消化：贫困代际传递及其精准阻断——基于宁德市的调查分析》。接下来，我们将从以下五个方面为大家介绍。

一、研究思路框架与背景

我们依次从分化、固化和消化三个方面分析贫困代际传递。拥有相同基本条件的人群，在经济、环境、职业、收入等因素的影响下，贫富差异分化逐步增大。随后，由于阶层间流动渠道不畅、机制缺失，使这种状态得以巩固，并一代代延续，即为固化。而我们的最终目的就是为了消除化解这种恶性循环。

贫困，在我国依然是一个十分突出的问题。2016年，我国仍有农村贫困人口7017万人，贫困代际传递的趋势日渐突出。在精准扶贫的背景下，如何精准阻断贫困代际传递，实现全面小康，是各级政府以及学术界关注的热点问题。然而，与国外相比，我国在此方面的研究仍处于起步阶段，需要更多实证研究和理论探索。

二、研究区域概况、数据来源与研究方法

此次研究，我们选取位于东南沿海的宁德市，将其作为我们的调查地区。该地区是东南沿海的一片经济洼地，人均收入低、经济发展水平滞后，曾是全国18个连片特困区之一。如今福建省23个重点贫困县中仍有6个分布在宁德市。近年来，宁德市与福建省的人均GDP水平与农民人均可支配收入相比仍存在一定差距，并且这种差距有扩大的趋势。

大家知道，习总书记曾任宁德地委书记。1992年习总书记在《摆脱贫困》一书中提出了"弱鸟先飞""滴水穿石"的指导思想。30年来，宁德积累了"宁德经验"，开创了"宁德模式"，成为全国扶贫样本。

本次研究主要分为问题初探、实地调研、数据处理与结果分析四个阶段。我们团队通过查找文献、收集资料，确定了研究思路提纲、设计问卷调查表与访谈提纲，历时30天，深入宁德市的柘荣、霞浦、古田、寿宁、周宁、屏南6个贫困县的18个贫困村，现场考察，访谈当地的政府官员、挂村干部、村干部等，发放并回收934份有效问卷。为了进一步调查，还进行了60例的深度访谈。通过SPSS软件处理数据，得到以下研究结论。

三、贫困代际传递表现特征

贫困固化也就是贫困代际传递，表现出如下显著特征。

首先，最直观的表现为总体收入低位徘徊。调查发现，以国际贫困线每天1.25美元折算的每年2900元为标准线，受访者中父辈年收入低于2900元的接近一半，而其子女年收入低于2900元的占到了1/4，贫困代际传递率超过8%；而且年收入低于8000元的群体的贫困代际传递率也达到了12%，这个比例几乎是美国贫困白人家庭中代际传递率的2倍。

其次，职业的低端重现。在父母务农的家庭中，其子女有超过六成的仍然从事低收入职业。这种职业的单一化和低端化在后代中出现概率极

高，成为贫困家庭难以打破的宿命。

最后，贫困文化根深蒂固。在调查结果显示，受访者中近一半认为自己是穷人，并且接近五成的人将此思想传递给其子女。我们在调查中也发现，部分家庭条件好的受访者也认为自己是穷人，这种贫困文化在思想上的禁锢使得他们安于现状，容易形成福利依赖。

四、贫困代际传递产生的原因

借鉴英国国际发展署提出的五大生计资本分析框架，我们总结分析了贫困代际传递表现的原因。

第一，自然资本制约。宁德市地处山区，千米以上山峰近700座，长期以来交通不便；并常受自然灾害困扰，年平均经历强台风3次、地质灾害176起。

第二，物质资本匮乏。主要体现在交通落后、农机覆盖率较低、家庭耐用家电少。超过五成的受访者家庭中连一种大型农业机具都没有。在耐用消费品方面，仅有三成的人拥有4种以上，像空调、电脑这种稍微高端的耐用消费品的拥有者寥寥无几。

第三，人力资本低下。仅有14%的受访者接受过政府组织的技能培训。在教育方面，有四成的受访者没有上过学。

第四，金融资本缺失。近八成的受访者家庭觉得难以获得贷款；近一半人群未得到农业补贴；家庭主要收入靠体力劳动，收入单一且不稳定；接近一成的受访者认为自己负担不起感冒发烧的费用。

第五，社会资本缺乏。有近八成的受访者家庭成员中没有现任国家工作人员或者村干部；超过1/4的农户在有需要的时候无法向银行或亲戚朋友借到钱，并且有17%的农户在遭受困境时没有可以依赖的援助，导致贫困户在陷入贫困时寻求帮助的渠道不畅。有11.4%的农户认为自己的权利受到剥夺，甚至有10.33%的农户压根不知道有什么权利，呈现出权利贫困的现象。

五、贫困代际传递精准阻断

那么，贫困代际传递该如何消除化解呢？在调查中，为了精准了解农户对扶贫政策的需求,我们设计了一道多选题:"请问,您最需要政策在哪些方面进行扶贫?"这些需求同样可以归入五大生计资本分析框架中,因此,我们针对性地提出了精准阻断的对策:

(1)针对受访者人力资本方面帮扶的需求,包括帮助培养孩子读书、就业和技能培训等,为此我们建议:提高农民医保水平,加大农村教育投入,加强农村技能培训,切实改变落后思想观念。

(2)针对受访者物质资本方面帮扶的需求,包括修路修桥、通水通电以及改善住房、垃圾污水处理等,为此我们建议:加强农村基础设施建设和帮扶项目。针对自然资本方面帮扶的需要,包括植树造林、防止水土流失等,为此需要优化环境以增加抗灾能力,适当提高受灾补助等。

(3)针对社会资本方面帮扶的需求,包括干部与技术人员对口帮扶,生病补助和生活困难补助等,为此我们建议:完善贫困瞄准机制,拓宽经济活动的参与渠道,完善村民协商制度。针对金融资本方面帮扶的需求,包括银行的贷款以及生产资金补助等,为此完善农村金融体系,健全农村担保组织,增加小额贷款等,这些措施都能在一定程度上精准地阻断贫困代际传递。

宁德精准扶贫模式成效很大,但在贫困代际传递方面仍有改进之处。放眼全国,贫困的代际传递现象仍然比较普遍。精准扶贫依然任重道远。我们相信,在社会各界的努力下,关注贫困代际传递,精准阻断,天道酬勤,我们在路上。谢谢!

农民收入质量：农民最关心的问题
——基于投影寻踪模型的四川省农民收入质量分析

黄汉勇　龙琴琴　张秋梦
指导老师：周　丽
（内江师范学院）

主持人： 内江师范学院带来了《农民收入质量：农民最关心的问题——基于投影寻踪模型的四川省农民收入质量分析》。

内江师范学院： 农民收入与农民生活息息相关，农民收入质量是农民最关心的问题。我们团队基于投影寻踪模型对四川省农民收入质量进行分析研究。此次研究是一次有计划、有安排的旅途，以下是我们的行程安排。我们的旅途即将开始，请大家做好准备！

一、起始站

1. 发现问题

众所周知，随着我国经济的发展，人民整体生活水平是逐渐提高的。但在我们身边——广大农村地区，仍存在一系列问题！农民收入数量增长了，农民就一定幸福了吗？农民收入的数量和质量能够等同吗？带着这些问题，我们对农民收入质量进行下一步研究。

2. 确定研究区域、时段

截至2015年，四川总人口达8204万，其中乡村人口占52.31%。根据2015年中国乡村人口数量统计，四川乡村人口数量在全国排名第三。为保证研究时段在行政区划上的一致性，以2006年四川省行政区划为标准，最终确定以2006—2015年四川179个县（区）作为基本研究单元。

3. 初探问题

此次研究的必要性在于四川作为我国农业、人口大省，农民收入质量问题比较突出。其次是从现有研究成果和方法来说，国内外的相关研究存在不足。

4. 调查问题

带着问题和思考，我们前往多个县（区）进行实地走访，与当地农民深入交谈，了解农民收入状况和生活情况，之后又查阅了大量文献资料。基于以上调查和分析，我们选取具有科学性、代表性和可操作性的5项指标来综合反映农民收入质量。此次研究，所有原始数据由四川省统计局提供。

二、中转站

1. 数据处理

首先，是对8950个研究样本进行数据处理。对于缺失数据，采用Matlab进行拟合补全。最终利用Excel对数据进行整理。

2. 研究方法

此次研究使用的是投影寻踪综合评价方法，通过建立投影寻踪模型来定量评价农民收入质量。该模型把高维数据通过某种组合投影到低维子空间上，通过数值计算把多维数据按最佳投影方向降为一维数据，寻找出使投影指标函数达到最优的投影值，能够最大可能地暴露多维数据某类特征结构的方向，能避免在确定指标权重时的主观片面性。最后，使用熵权法对投影寻踪综合评价方法所得结果进行验证。

3. 结果验证

（1）首先，将通过投影寻踪综合评价方法所得的投影特征值按大小排序和将熵权法所得的综合得分按高低排序。得出的总体变化趋势均为：随时间推移而逐年增大。

（2）通过进一步分析，发现在投影特征值排在后50位的县（区）中，国家级贫困县平均比重占51%。同时处于后50位的贫困县占总贫困县数量的70.83%，这说明投影寻踪综合评价法所得的结果符合实际。

（3）由通过投影寻踪综合评价方法所得投影方向和熵权法所得权重

均可得出：排在第一位的是农民人均纯收入，排在第二位的是农民人均消费水平。这说明人均纯收入和人均消费水平对四川省农民收入质量的影响最大。

以上三个方面的验证，充分说明投影寻踪综合评价方法对于农民收入质量评价体系具有可行性和科学性。

三、终点站

1. 时空变化分析

首先，我们基于 SPSS 软件平台，采用 Ward 系统聚类方法对投影特征值进行 Q 型系统聚类分析。通过聚类垂直树状图，确定 4 个时间节点，避免人为确定时间节点的缺陷。

其次，依据投影特征值，基于 Arcgis 9.3 平台，采用自然断裂点法和等距法两种数据分级方法将农民收入质量划分为 5 个等级，并按颜色深浅标注在四川县域区划图上。

自然断裂点法是分别对 4 个时间节点采用不同的数据分级标准，因此，在空间格局上可比，在颜色上不可比。而等距法是对 4 个时间节点采用同一种数据分级标准，因此，在颜色上可比，能够较好地反映各县区等级在时间上的演变。将这两种数据分级方法结合起来能够更全面地对农民收入质量进行时空变化分析。

通过基于自然断裂点法的农民收入质量时空演变图可得出两点：其一，农民收入质量具有中、东部较高而西部较低的总体特征；其二，在研究时段内，农民收入质量等级总体上呈现出差距逐渐缩小、空间分布由不均衡到比较均衡的态势。

基于等距法的农民收入质量时空演变图反映出 2006—2015 年，高、较高等级县（区）的分布逐渐由成都向周边及四川省东南部扩展；中等级的县（区）数量变化最明显，以成都市为核心向四周扩展；较低等级的县（区）主要分布在川北和川西地区；低等级县（区）数量逐年减少。总的来说，四川省农民收入质量整体水平逐年提高，且各县（区）之间的收入质量差距在不断缩小。

农民收入质量呈现上述变化趋势主要得益于四川省"十一五""十二五"规划中提出的一系列惠农政策。再加上西部大开发战略确定成渝经济双核增长极的地位，发挥其双核带动作用。

2. 结论

此次研究基于投影寻踪模型来探讨四川农民收入质量问题，具有实践参考价值。通过此次研究，得出以下结论：

（1）人均纯收入和人均消费水平对四川省农民收入质量的影响较大。

（2）四川省农民收入质量总体特征为：中、东部较高，西部较低。

（3）四川省农民收入质量等级总体上呈现出差距逐渐缩小、空间分布由不均衡到比较均衡的态势。

（4）四川省农民收入质量整体水平逐年提高，且各县（区）之间的收入质量差距在不断缩小。

针对前面提到的农民收入质量问题，对四川农民收入质量进行分析研究后，我们认为：四川省要加快"川西北地区"新农村建设，进一步缩小四川农民收入质量的地区差异。在今后的学习探索中，我们也将不断创新，以期解决更多身边的地理学问题。

我们的口号是：手拉手，心连心。团结创新，我们行！

谢谢！敬请各位评委指正！

乡村性与福祉：从粮食家园的感知到粮仓中国的评估

林咏园　马　婷　陈晓叶　黄莉娟　闫锦雷
指导老师：税　伟　王武林
（福州大学）

主持人： 乡村性于福祉，乡村性于人类福祉有何影响？以下是福州大学关于《乡村性与福祉：从粮食家园的感知到粮仓中国的评估》的展示。

福州大学： 大家好！我们报告的内容是《乡村性与福祉：从粮食家园的感知到粮仓中国的评估》，以下我们分为六个部分进行讲解。

一、引言

随着工业化、城镇化的快速推进，村落空间逐渐衰退、耕地被建设用地侵占以及"乡愁"记忆的丧失等问题越发凸显，新闻热点也愈发关注美丽乡村建设及乡村的粮食生产安全问题，对于乡村问题的研究也一直处于国内外研究前沿。

相关文献中提出了"乡村性"这一概念，它是衡量乡村发展水平、揭示乡村内部差异的重要指标，是乡村内部各种功能的复杂交互与影响过程，不少学者用其描述人们对乡村的感知、意象以及乡村的多功能社会需求。

目前国外学者注重研究乡村性的内涵、表征及乡村空间发展；国内学者多从社会学和管理学角度研究乡村性，将乡村性用于乡村旅游和乡村建设的开发和评价；且多以研究城市化影响区的中宏观尺度为主。而相关研究存在着一定的不足：缺乏针对全国典型农区或粮食主产区的乡村性研究，指标体系忽视了与乡村本质关系更为紧密的自然视角。

我们研究的粮食主产区以提供农产品为主要功能，具备较好的农业粮食生产条件，与乡村性本质密切相关；乡村四大生态系统服务功能从乡村性的本质出发，深刻揭示了乡村性的内涵，并拓展了其外延；同时通过研究乡村性与人类福祉的协调程度，得到对于乡村发展有益的启示并提供参考，为乡村创造福祉。

我们首先从身边的地理学出发，对家乡在粮食主产区的农村大学生进行网络问卷调查，问卷采用七级量表从乡土文化、乡村社会、自然生态三大方面共15个指标进行乡村性感知测度。对204份有效问卷进行均值处理，[0，1]区间表示强弱分值。评分在（0.5，1]间的占88%，均值为0.61，3个一级指标中，自然生态感知评分最高，为0.63，且在（0.5，1]间的占80%，可见大部分被访者对乡村本质尤其是自然生态方面态度乐观。为得出更客观的结论，接下来从宏观视角进行深入研究。

我们从以下几个科学问题展开探讨：第一，从乡村生态系统服务功能出发，耦合自然与人文因素的乡村性评价指标体系如何构建？第二，粮食主产区承担了保障国家粮食安全的任务，其乡村性时空分异特征及影响机制如何？第三，粮食主产区在完成增强农业综合生产能力的首要任务的同时，限制进行大规模工业化城镇化，其乡村性与人类福祉是否协调？

以下通过阅读文献、联系实际、提出科学问题，确定研究方法，构建乡村性评价指标体系，获取相关数据并处理，得到乡村性评价与影响机制，最后进行分析得出结论和启示。

二、研究区域

我们选取全国限制开发区中的817个粮食主产区县作为研究对象，其中12个县市由于行政建制改变及数据来源缺失而略去。

接着，我们从乡村生态系统服务功能出发，基于自然与人文因素并通过共线性和偏相关性分析构建了由农产品产出功能、水土保持功能、社会文化功能、气候调节功能四大分类因子，8个测度指标组成的乡村性评价指标体系。其中林地草地变化率、NDVI变化率和温度变化率为自然指标，其余为人文指标。

对于权重确定，计算发现，关联分析法所得权重过于平均，无法客观准确地保证评价指标的信息；变异系数法对于经济意义重视不够。而熵权法能有效避免主观评价带来的误差，从而严谨地反映指标信息，因此我们采取熵权法计算权重。

三、数据来源与处理

我们的研究数据有遥感数据、统计数据和气象站点数据。对于数据的处理，首先是空间数据建库与预处理，接着进行数据挖掘，最后是空间统计分析。

接下来对2005年、2010年、2014年的单指标结果图进行展示。

农业机械化水平和温度变化率呈下降趋势，其余均呈上升趋势。

据全国粮食主产区的乡村性指数图显示，2005—2014年全国粮食主产区乡村性呈下降趋势且二级阶梯相对较高，三级阶梯相对较低；东北三省及内蒙古地区减弱最剧烈，山西、江苏、河北个别县市长期保持较高水平的乡村性。

另外，全国粮食主产区的社会文化功能与农产品产出功能呈低—高—低趋势，气候调节功能呈高—低—高趋势，水土保持功能急剧弱化。

四、结果与分析

接下来用3种类型分区对结果进行分析。

从地形分区来看：2005—2010年，丘陵县乡村性指数高于平原县，因其水土保持功能较强；而2014年相反，因其气候调节功能较强。从熟制分区来看：2005—2010年，仅一年两熟区增大；2010—2014年，一年两熟区大幅增大；2005—2014年，一年三熟区降幅最小。其变化主要受农产品产出功能及水土保持功能影响。从经济分区来看：2005—2010年，东北经济区降幅最大，西部次之；2010—2014年，大部分地区下降，仅西部经济区略微上升，因其农产品产出功能增强。

粮食主产区将保障国家粮食安全和生态安全作为首要任务，其乡民生活水平是否同步提高呢？通过分析乡村性指数与人类发展指数的协调性，我们发现：从空间分布上看，基本协调的地区为江苏海安等6个县；不协调的地区占比高达99.27%。基本协调的县市呈高乡村性和高人类发展指数特点，且乡村四大生态服务功能指数较高，起到了保障粮食安全和生态安全的作用，而不协调的县市生态文明度不够。

五、结论

最后我们得出以下结论：从整体来看，全国粮食主产区乡村性指数总体呈下降趋势，其中东北三省及内蒙古地区降幅最大，江苏、山西的个别县市长期保持较高乡村性。其主要影响因素为水土保持功能，其次是农产品产出功能。

从乡村性空间分异来看：三大地形区中，山区县减弱情况最明显；三大熟制分区中，一年两熟区变化最显著；四大经济分区中，东北经济区降幅最大。

从与人类发展指数的协调性来看：只有极少县能够在保持较高水平乡村性的同时，提高乡村百姓的生活水平，为乡村发展带来福祉。

六、启示

"绿水青山就是金山银山"，坚持扶贫开发与生态保护并重，保障国家粮食安全和生态安全，为乡民带来福祉，需要我们更加深入地研究探索。谢谢大家！

第二章 农业经济与乡村社会主题

改变在发生
——用遥感影像探寻农耕文化消亡的足迹

席 毅 熊洋涛 余启鹏 傅钰雯
指导老师：张 旭 张 明
（武汉理工大学）

主持人：快速城镇化过程带来了农耕文化踪迹的消亡，但千百年来农民的生活习惯难以在短期内改变，以往的农耕生活在今天更具有价值。利用遥感影像，探寻农耕文化消亡踪迹，会有什么发现呢？以下是武汉理工大学带来的报告：《改变在发生——用遥感影像探寻农耕文化消亡的足迹》。

武汉理工大学：大家好！我们将结合3S技术手段，以武汉市为例探索农耕文化褪却的足迹。以下是我们的成果展示。

一、研究背景

"土地平旷，屋舍俨然，有良田美池桑竹之属。阡陌交通，鸡犬相闻。"怡然自得的乡村景象，饱经风霜的面庞。农田和耕者总是带给人以踏实、家乡的感受。在第二、三产业迅速发展的今天，第一产业的比重却在逐步下降，这种下降不仅体现在高度的机械化对原本农田面积的缩减，也体现在对原始农耕文化的掩埋。

重新发现地理学，不仅要看到当前科技发展对地理研究的贡献，也要挖掘地理学一路走来记录的历史和文化。怀着这份心情，我们结合3S技术手段，以武汉市为例探寻农耕文化褪却的足迹。

我们的队员分别是席毅、熊洋涛、余启鹏、傅钰雯，来自武汉理工大学。

"湖上春已早，田家日不闲。"以节气发源，春是辛勤耕作年轮的起

31

点，也是我们对农耕文化的思考开始的时候。众所周知，中国自远古以来便是一个农耕文明古国。从炎帝、黄帝，制耒耜、种五谷、尝百草起，中华民族便进入农耕社会。从刀耕火种到现在，这个漫长的历史过程不仅是祖先对农耕智慧的探索，也是农耕文化的累积。我们学着辛勤耕耘，学着应时而作。

地处亚热带的武汉，受益于扬子江水的滋养，这片广阔的平原有着得天独厚的耕种条件。但是随着近年来武汉市的发展，出现了大量的土地闲置、弃耕抛荒的现象。2007 年"两型社会"申报成功，建设用地需求持续增加，传统的农耕文明面临着物质和文化的双重威胁。

我们希望通过利用遥感影像探查 10 年间耕地变化情况，辅以实地走访对耕地变化原因进行分析，从而提出保护农耕文化的建议。

二、数据处理

"力尽不知热，但惜夏日长。"阳光下晶莹的汗水，映射着行动的力量。

第一步便是数据获取。我们的遥感影像数据来源于美国地质调查局，为探索武汉市"两型城市"创建前后农耕面积的变化，我们选取 2007 年和 2016 年作物长势较好的月份——7 月的数据进行分析。

数据处理的整个流程分为如下几个部分：

首先，数据预处理部分，影像的成像过程受到很多因素影响，如天气、太阳高度角等，因此，在进行遥感图像处理前，还需要进行预处理。

其次，得到武汉市遥感影像后，我们选取非监督分类法进行地物类别信息初步区分。初始类别 18 类，迭代 20 次，得到武汉市 2007 年、2016 年的土地利用影像图。

再次，经过人工地物判别，将地物类别压缩为耕地、城镇建设用地、林地、水域、其他五类。由此得到两个年份武汉市土地利用现状专题图。

最后，我们进行要素提取，可以分别看到武汉市 2007 年、2016 年耕地的分布范围，以及 10 年间耕地范围的变化。统计分析可知武汉市"两型城市"建设前后耕地面积减少了约 784 平方千米。

对于结果，我们进行了精度评价，两年的总体精度评价均超过 90%，可以认为我们的结果较为满意。随后通过迭加分析得到 2007—2016 年间耕地变化的专题图。从图中可以看到原有耕地面积锐减，新增耕地多占用林地。

三、实地走访

"花开是春种，花落是秋收。"金色的丰收，辛劳的容颜。我们依据统计的结果，选取十年间土地变化剧烈的区域设点，进行实地走访。走访中主要对两方面的情况进行调查。以江夏区为例，基本条件调查包括地质地貌、水文及交通等方面。土地利用现状调查包括土地结构、土地空间布局等方面。可以看到第一个走访点耕地变化的主要原因是建设用地侵占。第二个走访点蔡甸区大全路钟李湾，除主要问题建设用地外，还可以看到其基础设施不健全。第三个走访点黄陂区前川龙泉院子湾，除以上两点问题外，还可以看到其自然环境较差。

走访中，我们对提供详细信息的20户农户进行统计分析。以频数为单位，分析耕地的主要利用类型和农户弃耕原因。最后，我们初步将耕地变化的主要原因总结为六点，居前三位的为城市扩张、水利设施缺陷、自然条件限制。

四、总结

人们常说，瑞雪兆丰年。期盼里，又是一轮思忖。通过数据分析，实地走访的结果，让我们看到武汉市耕地面积的锐减，这不仅会形成较大粮食安全威胁，也迫使农民赖以生存的生产方式发生变革。千百年来的生活习惯难以在短期内改变，以往的农耕生活在日益消亡的今天更具价值与意义，以致演变为人们留恋和缅怀的文化印记。城市的变化，农耕的保留，我们应该如何看待呢？

武汉市2007年常住人口为891万，2015年常住人口为1060万，较大的人口增长势头，需要城市分配越来越多的建设用地，其他用地的总体结构势必发生改变。但武汉市具有十分优良的耕作条件，其（2006—2020年）土地利用规划中，也强调了对于基本农田的集中保护。

在农田集中化的同时，又该如何保留农耕文化中孕育的辛勤品格和知足意识呢？这里我们对于3种典型农耕区提出建议。

（1）对于小面积不足以形成农田集中区的区域，重在保留耕作习惯。

（2）对于城市划定的基本农田保护区，在完善基础设施的同时，应提供相应补贴及技术培训，提升农田效益。

（3）对于农耕历史悠久、耕作设施完备的村镇，应突出特色，重在自然，而非打造千篇一律的观光体验景区。

中国是一个农耕源起的国度，在当今快节奏的生活里，印象农耕，想留下的不仅是绿色的田地和辛劳的背影，是付出，是满足。我们怀念、珍重的，是那份文化，而文化的使命正是引领生活。

第三章　校园教育与生活空间主题

在校园教育与生活空间模块中，参赛的学生主要从自身的日常生活以及周边的校园环境出发，多方面畅谈自己对于校园的硬件设施及经济文化等的想法。在硬件设施方面，《住&行——长沙市封闭/开放社区交通特征空间分异对比研究》以"开放封闭式街区"政策为切入点，对比封闭社区与开放社区周边的交通特征分异；《大学校园景观生态规划与设计——以韶关学院为例》则致力于校园内部景观环境的提升与优化；《基础设施时空共享模式——基于大学生时空轨迹数据的分析》主要关注高校与周边社区的关系，通过学生时空轨迹数据研究基础设施供需。另一部分参赛作品则探讨了学校教育资源背后的经济社会影响，如《为了阳光上学路——GIS视角下的小学教育资源空间均衡性的地理学探索》讨论了学区划分的合理性以及教育资源的空间均衡性问题；而《大学城的建立对周边区域影响研究——以山东济南长清大学城为例》则通过经济、社会和生态环境等多个因素衡量大学城对周边地区的综合性影响。以上几篇参赛作品均观察了日常生活空间的交通、景观、基础设施等多方面的现象与问题，以小见大，挖掘出其深层次的内涵与机制。

大学校园景观生态规划与设计
——以韶关学院为例

蔡佳英　李　唐　叶斯亭
指导老师：罗晓莹　温　莉
（韶关学院）

主持人：大学校园里有我们人生中最美丽的时光，但校园的设计者通常不是校园实际使用者，精心设计的校园在实际使用中依然会存在各种问题，为此我们迫切寻找一种方式或者机制来解决这一现实的矛盾。下面有请韶关学院的同学们为我们带来《大学校园景观生态规划与设计——以韶关学院为例》。

韶关学院：尊敬的各位评委老师、亲爱的同学们，大家上午好！我们是来自韶关学院旅游与地理学院的经天纬地团队。今天我们向大家展示的课题为《大学校园景观生态规划与设计——以韶关学院为例》。

一、问题的缘起与背景

首先，我们要问自己三个问题：为什么要研究大学校园的景观生态规划与设计？一个被精心设计的校园规划为什么还会存在问题？我们通过什么方法可以发现这些问题，并且解决这些问题？

党的十八届五中全会将绿色发展作为五大发展理念之一，大学校园是我们每天生活和学习的地方，也需要适应绿色生态的时代要求。为此，我们融入景观生态学的原理，以期设计出可持续发展，并保有生命力的大学校园景观。和国内大多数校园规划一样，因为设计者和使用者的脱节，我们的校园虽被精心设计，但在使用上仍有或多或少的不尽如人意的地方。那我们应该怎样发现这些问题，并且解决它们呢？请听下文分解。

二、技术框架和研究方法

首先，我们在文献查询、实地考察和问卷调查的基础上，梳理得出景观要素分析、满意度分析和景观意象性这 3 种研究分析路径，分别从定性、定量等多个方面综合阐述分析结果，并提出改进建议。

在景观要素分析中主要是构建了主观评价体系，对上述各景观要素进行了定性评价。在校园满意度调查分析中，我们分别对调查数据进行了满意度均值分析、单因素方差分析和重要性排序等的分析研究工作。在校园景观意象研究阶段，我们参考了凯文·林奇的《城市意象》认知地图分类分析方法。通过让韶关学院学生默画记忆中比较深刻的景观节点，诸如标志性的景点、代表性的道路、公共活动场所等。我们通过提取被提及的要素的频率，将频次数据转化为图形数据，绘制韶关学院校园总体认知意向图。继而发掘校园景观生态规划与设计的漏洞，提出校园景观规划与设计的改进建议（图 2），为校园改造提供理论基础。

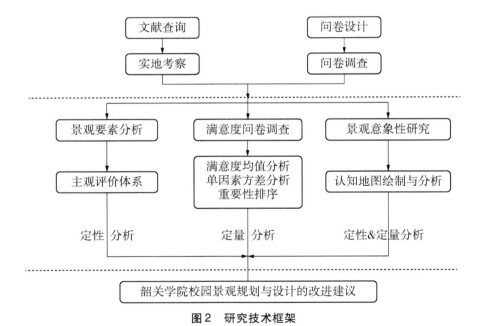

图 2　研究技术框架

三、研究内容与分析

首先,"景观要素分析"从总体规划和景观要素两部分进行阐述。由于时间关系我们在这里以韶关学院的植物绿化这一项作为案例进行详述。韶关学院校内共有植物181种,隶属66科133属;植物优势科为棕榈科,优势属是榕属;地理区系成分分析显示,以热带性质的植物占优势,基本与学校的地理位置和气候特点吻合;校内植物多为乡土植物,乡土和外来植物之比约为2:1。总体来说,校园植物配置既考虑到植物的气候适应性,又考虑到植物景观的多样性。

其次,在进行"校园的满意度分析"时,我们对收回的有效问卷进行了3种定量化的分析。其中,"满意度均值分析"的结果显示学生对水体造景和雕塑小品的满意度较低,认为还有较大的改善空间。"单因素方差分析"的结果显示,以性别为变量时,男生对校园建筑的满意度显著高于女生;而当以年级为变量时,大一新生对生态节能措施最满意,与其他年级有显著差异。在对校园活动场所的满意度方面,三、四年级与一、二年级间有极为显著差异。"重要性排序"的结果显示,功能布局、位置和规模等是学生认为对景观生态规划与设计影响重大的因素。

最后,进行"景观意象分析"。我们根据凯文·林奇的认知地图法,将对图形的定性描述转换为可量化的要素频率,最终绘制出韶关学院校园总体认知意象图。结果显示:学生经常使用风景较好的道路才能留下深刻意象;学校各功能分区虽然利用乔木和灌丛的组合栽植让教学和生活互不干扰,但在认知图上却没有清晰体现,边界作用不明显;学生对外形设计美观的重要公共建筑认知度很高,而对一般的公共区域认知度很低;校园的标志系统设计不完善,鲜有学生能清晰画出校园内的标志物、雕塑或者小品。

四、改进建议与结论

我们提出了人性化、人文化、个性化、园林化以及生态化五个解决途径。

在人性化方面,校园应合理设置交流场地,满足师生课外交流学习以及休憩活动；在人文化方面，应巧妙利用园林绿化、小品以及校园文化墙等设施，结合校园文化来熏陶学校的整体环境氛围；在个性化方面，校园内应该适当设置能够体现文脉文风和场所精神的雕塑或者碑刻等标志物，将绿色生态性校园升级到独具一格的地域文化性校园；在园林化方面，校园的绿化要注意绿植种类的丰富度和均匀度，利用本地植物，通过乔灌草的组合搭配，使得校园的景观更加色彩缤纷；在生态化方面，应加强个人的环保意识，通过屋顶花园、雨水花园、垂直绿化、节能路灯等生态技术的使用，建立环保型校园。

最后的结论巧妙地回应了我们开篇提到的三个问题。本文的创新之处在于构建了一套较完善的校园景观规划与分析框架，同时把以传统定性描述为主的凯文·林奇的城市意象分析用定量方法表达出来，不足之处是大学校园景观规划与设计研究涉及面广，景观空间具有多义复合的复杂特性，所以本文研究的内容难免有不尽之处，有待以后进一步挖掘探究。

第三章 校园教育与生活空间主题

住 & 行——长沙市封闭/开放社区交通特征空间分异对比研究

黎佳宜　周克杨　曾凡超　罗　璇

指导老师：朱佩娟　杨　文

（湖南师范大学）

主持人：封闭社区自出现以来，集约的环境和完善的配套设施获得人们的喜爱，而开放社区得到政府的支持，也逐渐得到人们的关注，在居民交通方面的选择究竟哪种更优呢？下面有请湖南师范大学的同学带来《住 & 行——长沙市封闭/开放社区交通特征空间分异对比研究》。

湖南师范大学：大家好！我们是湖南师范大学社区发现者团队，很高兴能参与今天的比赛。

一、背景

A：呀，怎么中央突然发文说"原则上不再建设封闭社区，已建成的封闭社区要逐步打开呢？我怎么突然就被嫌弃了呢？"

B：那是因为你呀，把道路都吞到自己肚子里去了（图3），现在城市道路本来就紧张，你这么一来不就更给咱们添堵了么。

A：你这么说我可不服，我自出现以来，就受到了大家的广泛欢迎，让大家住得舒适快乐，居民们也都享有很好的出行环境。

B：那问题出在哪儿呢？

C、D：你们好，我们是社区发现者。为了帮你们解决问题，我们以长沙中心城区为研究范围，以交通环线划分出旧城中心区、新城区、边缘郊区3个圈层，在3个圈层内选取12个社区，采用调研、访谈、查阅资料、数据处理分析、遥感影像解译等方法，从社区交通资源、道路组织模式及停车模式、社区内外衔接及出入口模式三个方面，对二者交通特征进

图 3 道路私有化示意图

行了对比研究，不知道能不能解决你们的问题。

二、社区交通资源

D：首先我们要考察的是交通资源。

A：我们的交通资源可是超级丰富的哦，因为我们的小汽车拥有量很高，内部交通资源比隔壁的开放社区高了一大截呢。

C、D：我们让数据来说话，我们采用访谈、问卷调查的方式获得各交通工具的户均拥有量，对不同交通工具赋值，其中小汽车为3、电动车/摩托车为1.5、自行车为1，得出各社区交通资源得分。不管是中心城区还是外围地区，封闭社区的内部交通资源得分更高，可是外部交通资源……

请看大屏幕，外部交通资源我们主要考察公交站点、地铁站点、道路设施三方面。在参考新城市主义中5分钟合理步行空间范围的假设前提下，以目标社区边界400米内为考察范围，得到外部交通资源情况。从公交站点和地铁站点密度图以及路网密度图，可以看到开放社区的外部交通资源整体明显高于封闭社区且空间分布较为均匀。而且，封闭社区交通资源由中心区向郊区明显递减。

A：怎么会这样呢？

C、D：这就不得不说一下封闭社区的演化过程了。从对长沙的调研来看，封闭社区的形成经历了由外部扩张到内部填充与自我更新的过程，在城市外围地区扩张形成的封闭社区尺度大，其能够获得的外部交通资源就少，而中心城区填充式的封闭地块尺度比较小，外部交通资源与开放社区差别就不大了！

A：哦，那就是说，我们封闭社区如果尺度小一点，应该能解决这个问题了。

三、道路组织模式与停车模式

D：接下来一起来看看你们的道路组织情况。

A：我相信在座的评委们都会更喜欢没有外部车流干扰、没有噪音和尾气环绕、安全又安静的封闭社区居住环境，而不是对面闹哄哄的开放社区。

B：这我不服，我们在对外开放的同时，也能提供舒适的居住环境啊！

D：情况到底是怎样呢？首先封闭社区的特征就是围墙的存在，让外部车辆绕路而行，减少了干扰，但很不友好。内部多采用尽端路式布局，让车流只能折返式地通行，的确能营造安全、安宁的居住环境。而开放社区的典型特征就是没有了围墙的阻隔，四通八达的方格路网道路布局，能保持道路的高通达性和交通畅通。

C、D：我们通过遥感影像解译结合实地考察的方式，调查了12个社区的道路组织模式，可以看到6个封闭社区都采用了"尽端路"结合环路的模式，既能保障居住环境的安全、安静，也能提高内部车行效率。

A：可外部车流进入社区影响居民出行啊！

D：这你可就错了，外部车流的干扰问题通过友好的建筑界面和街道共享空间的设计是可以实现人车共享的和谐空间的，也就是我们要对开放的程度进行必要的控制，只是这样的街道设计比传统的人车分行需要更多的智慧！

A：从停车系统来看可就是我独领风骚了，开放社区汽车乱停乱放，居民都没有休息和锻炼身体的地方，而且还会影响出行！

D：没错，封闭社区多以地下集中停车为主，以博林金谷为例，社区均匀分布4个大型停车场，停车场进行严格管理，社区也有路外停车位作为补充，它保证了公共空间的高使用率、居民出行的舒适度和安全性。

C、D：我们再来看开放社区，开放社区主要采取路边停车模式，以箭弓山社区为例，在缺乏有效管理的情况下乱停乱放现象确实时有发生，但恰恰是这种开放的停车模式使得社区就像海绵，起到了吸收社会车辆的作用，缓解了城市停车压力，对比封闭社区内大量空置的停车位，开放社区的包容性是值得欣赏的。

四、内外衔接与社区出入口

C、D：最后我们要考察的是内外衔接模式和社区出入口。

D：通过问卷调查，我们对各社区内外部交通模式进行统计，发现封闭社区多为步行换乘小汽车，而开放社区则是步行或者自行车换乘小汽车与公共交通为主。可以看出开放社区拥有更多样化的交通模式，而封闭社区内外交通衔接的灵活性较弱。

C、D：这是因为封闭社区的围墙将内外部空间隔离开来，压抑了社区内外空间的流通，表现在交通上即妨碍了社区道路的通达性和内外交通衔接的灵活性。而无论是封闭还是开放社区，从中心区到郊区，交通的机动性在加强，可持续性在减弱。

D：通过遥感解译和实地考察，在记录各社区入口数量后可以发现，相对于封闭社区，开放社区拥有更多出入口，内外通达性更好。两种类型的社区入口数量从中心到边缘都呈递减趋势。

五、总结

C、D：综合三方面来看，可以看出两种不同社区交通特征空间分异呈现各自的模式。总的来说，封闭社区在内部交通资源的丰富程度、道路组织模式在住区环境的保障、社区停车系统的完善等方面都有其过人之处，而开放社区在外部交通资源的丰富程度、道路组织模式的高通达度和停车系统对公共利益的维护则是其亮点。

A：所以既然我们封闭社区有这么多好处，为什么文件还要说逐步打开，原则上不再建设呢？

D：其实呀，依我来看，二者各有其特点，从中心区到外围地区交通特征的变化，主要还是与封闭社区的尺度紧密相关！通过合理的尺度控制，形成大开放小封闭的格局，兼顾私有空间与公共空间资源的平衡，就能发挥其更好的外部效益。

C、D：所以，我建议你们俩应该放弃争论，握手言和，静下心来跟我们一起好好研究如何共创更美好的社区生活吧！

这正是：

开放与封闭，一对好兄弟；

尺度与程度，共享新天地。

身边小问题，社区大发现；

活用地理学，造福老百姓！

基础设施时空共享模式
——基于大学生时空轨迹数据的分析

张 茜　徐杏琳　张 颖　司 博
指导老师：翟秋敏　张丽君
（河南大学）

主持人：拆围墙在过去一段时间受到关注，高校开放的基础设施时空共享模式，一直是学术界关注的热点之一。大学生与基础设施的开放共享有什么关系，能否为新世纪的推广带来借鉴？下面有请河南大学带来《基础设施时空共享模式——基于大学生时空轨迹数据的分析》。

河南大学：老师们、同学们，大家（下午）好！我们是河南大学（合）花儿与少年代表队。队长张茜，队员徐杏琳，队员张颖，队员司博。今天我们展示的主题是《基础设施时空共享模式——基于大学生时空轨迹数据的分析》。下面正式开始我们今天的展示。

一、研究背景

大学造城运动的兴起带动全国高校规模急剧增加，不断向郊区扩展的新校区基础设施相对完善。设施薄弱的郊区，人口不断增加，使高校周边居民共享其设施的诉求强烈。"街区制"新政的出台，将共享理念再次推至舆论焦点，那么高校与周边居民共享基础设施是否可行呢？

以柴彦威、周素红为代表的时空间行为学派，关注新时期人类行为的多样性与个体差异性，注重社会公平和生活质量提高，已有的研究能否为基础设施共享提供依据呢？而基础设施的公平分配是政府和规划部门最重要的目标之一。原则上高校基础设施属于开放空间，周边居民也可享用。

但是大学生作为弱势群体,在与周边居民共享设施时如何保障其基本权益呢?

二、研究内容

上述问题实质上可以归结为一个学术问题,就是如何公平高效地共享资源与设施。针对该问题,我们研究小组按照如下流程开展研究。首先基于时间、行为地理学理论,构建时空行为与基础设施共享理论分析框架。其次,以河南大学新校区为例,通过对大学生日常行为的日间、空间差异研究,提出分时空限制的效率优先型模式。在保证大学生基本生活质量的前提下,提出兼顾公平型共享模式。接下来由张颖同学为大家介绍理论分析框架。

大家好,根据活动、移动理论,大学生的日常行为可分为基础型、发展型以及扩展型活动,基础型活动是大学生的基本生活需求。这里主要涉及活动移动理论、空间行为互动理论。根据大学生的活动规律,在少数人利用设施的时候考虑与周边居民共享,由此提出效率优先型共享模式。

为了刻画空间结构对出行的限制,我们引入"巡回"的概念。把以宿舍为起点,离开宿舍进行活动后并返回宿舍的过程视为一个巡回。针对各项活动的场所类型,界定基础型、发展型、扩展型巡回模式。合理的巡回模式是空间共享的前提。为保障大学生的基本权益,考虑空间、行为的良性互动,将各种活动出行轨迹所致范围定为基础、发展和扩展生活圈。规定基础生活圈内的设施不共享,由此我们提出公平优先型共享模式。

以河南大学新校区为例进行分析,自 2003 年投入使用,与周边居民已经形成一定共享基础。随着周边商业小区的增多,高校设施共享压力大。城市次级道路金耀路在"十三五"规划期间要顺利通车,而其中一段正好穿过学校,导致共享矛盾突出。

我们采用统计分析方法、实地调查法研究此问题。实地调研过程分三个阶段,利用 GPS 数据采集技术,采用 1% 分层与随机抽样方法,收集河南大学新区 300 名本科生一周 7 天、每天 24 小时活动日志数据,通过深度访谈选取其中 30 名学生,采集一周 GPS 数据,进行数据整理与分析,进而得出效率优先型和兼顾公平型共享模式,接下来由司博同学为大家介绍效率优先型共享模式。

首先从活动时间看，除扩展型活动外，其他各项活动在一周7天4个尺度下具有显著日间差异。如学习活动，周一至周三具有相似性，与周四、周五有差异。因而不同活动每日可共享的时段并不一致。见图4。

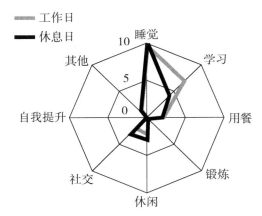

图4 大学生各项活动时间分配

此外，大学生基本型活动时间有明显的峰值特点。峰值时段校园基础设施使用率高，不能共享。大学生出行也存在一定规律，休息日的出行频率低、巡回次数少，特别是周末基础型巡回较少，可对外共享道路、餐厅、运动场、图书馆等基础设施。

9：00—11：00、15：00—17：00大学生出行较少，可作为开放校园基础设施的时间段。除了精细的时间规律，大学生的活动空间也存在一定规律。发现运动场除8时、18时以外，可考虑对外开放。

综合上述分析，我们得出了效率优先型共享方案。活动场所一周7天开放时间各有不同，道路设施的开放时间在工作日与休息日的差异显著。上述是效率优先型共享模式，下面由徐杏琳介绍兼顾公平型共享模式。

首先，河南大学新区原有空间格局影响大学生的活动、移动。其次，我们发现教学楼与宿舍呈树形空间分布。宿舍—教学楼是大学生的重要出行模式，但其距离均超过800米，因而造成日常活动距离长、巡回少，活动空间集中，教学楼及其周边设施利用强度高，共享空间有限。这一现象说明我们可以开放学院等学习场所，将树形结构调整为网络状空间结构，缩短宿舍到学习场所的距离，使基本生活圈变得更紧凑。

在此基础上，以各宿舍区为中心做半径为500米的缓冲区，叠加即可得到基本生活圈组团,其中的各项设施不对外开放,也即公平优先型共享方案,可这样很明显与效率优先型共享模式的结果并不一致。因此,我们还要考虑活动设施开放的日间差异,与效率优先型共享模式整合,即可得兼顾公平型共享方案。那么,综合考虑居民与学生的利益就是最后的共享方案,也正是我们想给学校管理部门提出的建议。

最后给出我们的研究结论:大学生活动、移动的时间与空间利用强度影响效率优先型共享模式。基础生活圈内紧凑有机的设施布局是公平型共享模式得以实施的重要前提。河南大学新区可供对外开放的基础设施有限。基于 GPS 数据的大学生时空行为精细分析可以为资源设施共享提供方法基础,也为其他高校乃至居住区资源时空共享提供借鉴。

三、研究结论

大学生活动、移动的时间与空间利用强度影响效率优先型共享模式。"三点一线(宿舍—餐厅—综合教学楼)"式活动模式的时间节奏是影响效率优先型设施共享的主要因素。

基础生活圈内紧凑有机的设施布局是公平型共享模式得以实施的重要前提。"四点(宿舍、餐厅、学院、综合教学楼)网络"式功能组团有助于兼顾公平型共享模式的实施。

在高校基础设施可对外共享有限的情形下,基于 GPS 数据的时空行为精细分析可以为资源设施共享提供方法基础,也为街区制的推广提供借鉴。

为了阳光上学路
——GIS 视角下的小学教育资源空间均衡性的地理学探索

林铭亮　黄海燕　曾晓岚　陈团培　卢诗铭
指导老师：赵耀龙
（华南师范大学）

主持人：教育是一个民族最根本的事业，那么义务教育更是我国教育事业的基础。在今日发达的城市里，上学路途遥远的问题依然存在，大都市广州有这样的案例，明明在家附近有一所小学，却要到更远的地方上学。下面有请华南师范大学给我们带来《为了阳光上学路——GIS 视角下的小学教育资源空间均衡性的地理学探索》。

华南师范大学：大家好，我们是小小读书郎。今天我们要展示的是《为了阳光上学路——GIS 视角下的小学教育资源空间均衡性的地理学探索》。

一、提出问题：上学之路在何方

大家好，我是小兰的姐姐大蓝。我们家可真奇怪。我们家住在广州市海珠区敦和社区，明明离客村小学那么近，我妹妹却要跑到那么远的凤江小学上学。据我所知，整个广州市都有这样的现象，教育局到底是怎么划分学区的？

其实，教育划分学区是考虑到学校师资、教学规模、环境设施和距离因素，但可能对距离因素考虑得有所欠缺吧，才导致小学生上学路漫漫。

那么漫漫上学路，究竟缘起何处？我们的课题基于地理学视角，运用 GIS 方法，对义务教育资源空间均衡性进行研究。我们按照如下技术路线进行研究：第一，前期调研，以此确定研究方法；第二，收集数据，进行数据处理和分析；第三，提出对小学学区划分的优化方案。

事不宜迟，我们先到海珠区的小学进行实地调研吧。

二、前期调研与研究方法：漫漫之路，缘起何处

我们对海珠区257个社区和71所公办小学进行了实地调研，对学校、家长、社区进行了多次访谈。通过访谈我们发现，海珠区小学生跨片区上学的现象严重，这可能是由当地的学位数量与当地小学生人数不匹配造成的。同时，我们对家长进行了问卷调查。我们派发了300份问卷，回收有效问卷287份，调查家长在选择学校的时候更重视哪些因素。

除了实地调研，我们通过查阅文献、采访权威专家等，确定了研究方法。目前人口普查的数据是以街道为单位，但按照人们的住宅进行学区划分会更为细致和合理，于是我们的研究尺度会精确到每栋建筑上，同时运用土地利用密度法进行了人口估算。

我们通过遥感影像，提取出海珠区的住宅建筑，并且分成了城市住宅和城中村住宅两类，然后利用最小二乘原理，列出方程组，使用Matlab计算出了两类住宅建筑的人口密度，即可得到每个建筑物上的人口数量。

通过查阅文献，我们发现可以使用Voronoi图来进行学区划分，可以得到距离所在区域内每一个居民点最近的学校。但普通的Voronoi没有考虑到实际生活中不同学校的服务能力，比如学位数是不一样的，要给学校赋予权重，要用到加权Voronoi图。但它是基于欧氏直线距离的，忽略了道路才是小学生的出行通道，所以我们采用基于道路生成的加权网络Voronoi来弥补这一不足。

那加权网络Voronoi的权重要怎么来呢？我们需要对学校服务能力进行评分，我们结合《广东省义务教育标准化学校评估细则》和我们前期调研的结果，筛选出以上因素。运用层次分析法计算各要素权重，以此对学校进行评分。

三、数据处理：划出阳光上学路

确定好方法之后，我们通过查阅文献和上机操作进行数据收集。我们研究需要的数据包括空间数据和非空间数据。获取到数据后就可以进行数

据分析和处理。

首先，我们运用土地利用密度法进行人口估算，计算出每个建筑物上面的小学生人数，与其被分到的学位数进行作差，得出结果。这样我们可以看出，有的小学学位紧张，上学路途远，而有的小学学位充足，可见教育资源空间分配不均衡。

其次，我们运用层次分析法计算出每个指标不同的权重。同时，我们对数据进行了标准化处理，从而进行了各小学教育资源配置均衡水平评分，即计算出每个学校的服务能力。计算出服务能力后，此为权重，输出加权网络 Voronoi 图，用不同颜色的路网代表不同学校的合理施教区。

最后，我们把生成结果与施教区现状叠加在一起，我们随机选取了 3 所小学，可看到目前教育局划定的施教范围与我们生成的结果，二者偏差甚大。

四、结论：愿上学之路不再漫漫

阳光上学路已经划出，那么看看敦和社区的情况是怎样的。根据目前教育局划定的招生范围，我妹妹只能到比较远的凤江小学上学。而经过我们研究划出的考虑交通因素的较为合理的招生范围，我妹妹是应该去客村小学上学的。

我们通过研究发现，目前教育局对学区划分时对交通距离的考虑是有所欠缺的，造成教育资源空间的不均衡。而我们的课题增加了距离因素的考虑，使学区划分更为合理，贴近民生需求。

其实，小兰的故事是发生在我们身边的一则真实事例，而我们的研究能够为教育局调整学区范围提供合理建议，可以解决大城市中小学生"上学路漫漫"的困扰。同时，还可以运用 GIS 打造一个服务平台，只要教育局输入人口、学校、交通等数据，就可以划分出合理的学区，在推动我国义务教育空间均衡发展的同时，可以成为我们"创新、创业、创未来"的起点！

我们也衷心希望地理学和地理信息科学的发展能够助力阳光上学路，愿祖国的小小读书郎们，上学之路不再漫漫！

大学城的建立对周边区域影响研究
——以山东济南长清大学城为例

王 佳　卢 琪　吴建桥　李霄雯　贾斯琪
指导老师：程 钰　张晓青
（山东师范大学）

主持人：经济文化的联系已日趋紧密，但是大学城的建立对周边的影响究竟如何发展呢？以下是山东师范大学的报告：《大学城的建立对周边区域影响研究——以山东济南长清大学城为例》。

山东师范大学：尊敬的老师、同学们，大家好！我们是山东师范大学队。

2003年，那是一个春天，有一群建设者，在济南的长清画了一个圈，圈里坐落着一所神气的校园。今天要展示的是大学城的建立对周边区域影响研究，分为以下5个部分：研究背景、研究方法、理论探索、研究对策、研究结论。

一、研究背景

自济南长清大学城2003年建立起，长清区的城市风貌逐渐发生了翻天覆地的变化，带动其周边地区的经济、社会文化及生态环境也发生了巨大变化。大学城建立后，其周边区域的经济生产方式不断转变，由以农业为主导逐步向以科技为主导的方向发展。自2003年起城市人口密度明显增加，大学城带来的最直观的影响就是对周边地区居住环境的改善。土地利用类型变化剧烈，对环境造成一定的影响。

二、研究方法

研究方法包括以下4种：

（1）文献综合法，查阅大量与大学城相关的书籍和资料，对文献进行分析整理，结合解译结果与调查问卷分析，解析大学城与周边社区互动的内涵、互动融合过程中所出现的问题以及问题的成因。

（2）问卷调查法，在长清大学城内众所高校以及周边社区进行问卷调查及随机访谈，调研对象对应大学城内的务工人员、居民和学生，调查结果更具针对性和直观性。

（3）实地调研法，团队在长清大学城内走访了11所学校、3个社区、1个商业街，针对大学城的建立对周边区域的影响开展实地调研，走访了长清区政府发改委、环保局等相关部门，了解了周围地区的生态环境和社会经济现状。

（4）现代新方法应用，研究基于数学建模的相关理论，建立科学影响力评估模型，基于数据库构建指标体系，并运用数学函数、层次分析法确定权重，运用 Matlab、SPSS、ENVI 等软件进行计算，并对其结果进行统一性检验，最终得到科学的影响力因子数据，并基于该结果对目标区域的影响力进行评价分析。

三、理论探索

我们以济南市作为我们的研究区域来进行研究，分别从经济发展、社会进步、生态环境等方面进行研究分析。首先让我们看一下数学建模的一般流程，建立起指标体系，之后我们建立起各个指标的分析图（图5）。

经济方面的影响主要包括区域经济竞争力明显提升、经济空间结构显著转变、产业结构明显优化三个方面。

具体来看，模型1评价了长清区经济发展水平，模型2评价了长清区经济发展速率。将各个指标的具体数据带入就可以计算出模型结果：$E > 1$，证明大学城的建立给长清区的经济发展水平和消费能力带来积极的推动作用；$V > 1$，证明大学城的建立加快了长清区的经济发展速度，说明大学生具有积极的带动作用。另外，我们可以看出大学城的建设得到了明显优化，产业结构的优化表现为第三产业比重的上升，突出体现在高新技术产业、房地产业、服务业的发展上。

除了产业之外，大学城的建立还带来了积极的社会效应，主要表现为居住环境改善、生活水平提高、生活方式转变和创新能力增强。居住环境

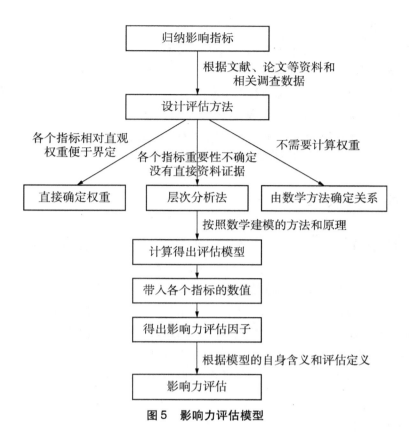

图 5　影响力评估模型

方面，开辟了新的公交客运路线，设立基层派出所和高校治安点，同时在高校附近营造学术文化氛围，在生态方面也提高了绿化面积，注重生态保护，这些都大大地提高了人们的日常生活水平。调查问卷显示，恩格尔系数在不断地下降，而且城乡两地的差距也在减小。长清的创新能力也在显著提升，高校集聚产生学科带头人，拥有众多的优势学科、毕业生，并借助政策上的支持推动了经济发展。

　　但是，土地利用类型变化产生了对环境方面的负面影响。由于大学城的建立，很多耕地被占用，导致下垫面性质改变，加之城市化的影响，建筑群显著增多，植被面积减少，土地利用类型变化剧烈，对环境造成了一定影响。空间集聚引起环境质量下降。随着大学城带动经济增长和城镇化，其对资源及生态环境可能产生复杂的影响。从一般情况来看，带来的生态环境效应有：改变了区域化学循环，排放了大量温室气体，造成了严重环境污染。

从2002—2015年，耕地减少了18.83平方千米，林地转出高达近300平方千米，建筑用地面积增加近260平方千米，从36.87平方千米跃升至295.66平方千米，在大学城建成前后13年中，土地利用类型变化较大。接下来我们来看一下生态系统服务价值变化，生态系统服务价值变化图显示，总的生态系统服务价值从2002年的 11.16×10000 万元下降到2015年的 6.28×10000 万元，其主要原因是大学城的建立，使得林地面积大量减少，导致生态服务价值不断下降。

四、研究对策

目前存在的主要问题有：各高校发展相对独立，缺乏有效共享机制；科技链与产业链断链，无法实现有效对接；配套基础设施不完善，与市区的差距仍存在；整体管理制度不健全，高校间联系不紧密；资源利用规模不经济，环境质量明显下降。因此，提出几个主要的解决应对措施：加强校际合作和交流，相互促进协同发展；利用教育和创新优势，推动产学研一体化；加快基础设施建设，提升公共服务能力；完善大学城管理制度，实现高校综合管理；落实环境监管和治理，切实改善环境质量。

五、研究结论

在研究方法探索方面，本研究探索并结合文献整理法、问卷调查法、实地调研法和现代新方法应用，建立研究数据库，验证大学城的建立对周边区域的影响过程和程度。运用定性分析与定量分析相结合的方法。在理论框架进行构建方面，从时间和空间视角梳理大学城的建立对周边区域的影响的规律与机理，构建大学城建立对周边区域影响分析的一般框架。在案例实证分析方面，全面梳理山东省济南市长清大学城发展历程，探究长清大学城对周边地区的经济、社会和生态环境影响程度，提出可持续发展的应对策略。

第四章　技术创新和社会发展主题

在技术创新和社会变革模块中，参赛作品聚焦当前时代发展的前沿进程，探讨高新技术的发展给城市的经济、社会、空间等多个领域带来的深刻变革。《珠三角城镇化新进程——基于机器代替人的视角分析》通过调研珠三角制造业"机器代人"的产业发展历程，探讨了技术创新带来的产业变革；《南京市新能源汽车充电桩空间布局研究》关注的是新能源技术下新能源汽车充电桩的空间分布问题；《高分遥感提取地理信息的海岛登陆作战》则借助信息技术手段辅助政府的安全决策，依托高分遥感影像信息模拟海岛登陆战；《信息发展的不均衡——新世纪以来我国互联网空间极化现象探究》在信息技术迅速发展的背景下，讨论不同城市间的发展不平衡及区域极化现象；《"互联网+"时代微商女性的空间重构初探——以香港"幸福狐狸"为例》则融合了经典的女性地理学视角与互联网发展下的微商新产业，研究微商如何影响女性群体的空间重构。

珠三角城镇化新进程
——基于机器代替人的视角分析

周钰荃　吴金京　陈子琦　颜　淼　陈　健
指导老师：李　郁　王少剑
（中山大学）

主持人：作为改革开放的前沿，珠三角成功实现了实力的提升和城镇化的推进。回望珠三角，我们不难发现廉价劳动力曾经是珠三角快速发展的强大基础，面对近年来的"用工荒、用工难"，珠三角城市开始用机器代替劳动生产，开启了新城镇化的进程。下面有请中山大学带来的《珠三角城镇化新进程——基于机器代替人的视角分析》。

中山大学：大家好，我们是来自中山大学的机智队。今天我们带的课题是《珠三角城镇化新进程——基于机器代替人的视角分析》。

一、引言

早在18世纪，英国的工业革命开启城镇化进程。而在全球产业转移的过程中，制造基地的空间布局变化总是以廉价劳动力作为首要的因素，并推动了大批城市的城镇化进程。珠三角作为产业转移中的一环，改革开放时期开始城镇化的发展，造就了世界城镇化的奇迹。从过去的桑基鱼塘传统农业地区，到今日城镇化率高于全国水平35个百分点的大都市区，珠三角吸引大量外来人口，创造世界第17位的GDP总量，仅仅用了30年。然而成就非凡的珠三角，在2007年金融危机之后GDP增速下滑，出现厂房空置、劳动力减少等现象。这些现象症结何在，珠三角又该何去何从？带着疑问，我们小组开始了对珠三角城镇化的研究分析。

在过去的几个月里,我们运用文献分析、数据分析、案例调查和问卷调查等方法,对珠三角城镇化的各类数据进行统计,走访11个企业及相关部门,收集了大量调研数据。今天,我们将从珠三角城镇化的特点及困境分析开始,发现新现象,探索珠三角城镇化新进程。

二、珠三角城镇化特点及困境

珠三角城镇化的推动因素繁多,我们小组选取了11个指标进行逐步回归,可以看到,早期的主要推动因素是劳动力、土地和外商投资。其中劳动力的推动作用长期持续。接着,我们通过回归分析,进一步研究三者与城镇化率的关系。可以看到,劳动力数量与珠三角城镇化联系最为紧密。

由此,我们小组选取劳动力作为我们的切入点,分析珠三角城镇化特点:丰富的低成本劳动力,吸引了全球劳动密集型产业在此集聚,形成以"三来一补、两头在外、前店后厂"等为主要特征,污染大、占地多的低端产业结构。大量人口聚集,推动了低质量的快速城镇化。

然而,数据表明珠三角各市近年来对于流动人口的吸引力下降,其中东莞、深圳下降最多。以东莞为代表的珠三角制造业城市,外来劳动力数量在2008年前后出现明显下降。与此同时,珠三角的劳动力成本翻倍增长,用工成本上升至东南亚国家的1.5倍以上。劳动力数量下降、成本上升令珠三角劳动密集型企业倍感压力,2015年东莞倒闭的企业数量达到4000家。

(案例:我叔工厂也未幸免于难。我叔感叹:"耳机做不下去了,2006年开始做1.80元一副,现在过去10年了,还是1.80元一副,但是人工成本涨了3倍,已经亏本一年多了。以前只管招工生产就好了,现在都招不起工了。")

过去珠三角快速的城镇化得益于密集劳动力,如今却面临劳动力成本上升的困境。为了探究解决方法,我们小组前往东莞及深圳调研。

三、从机器代人看城镇化转型

东莞及深圳外来人口占比高,为应对近年来人口红利不断衰退的困境，深圳大力发展高新技术企业，东莞则率先实施"机器代人"战略。"机器代人"，指的是通过机器来代替人进行生产、制造、服务等工作，实现智能生产。东莞市经信局何先生表示，东莞制造业虽强，但突出企业并不多，因而政府每年投入2亿元，用于扶持潜力企业进行"机器代人"，从而推动制造业转型升级。

我们调查了9家已申请"机器代人"资金的企业，发现机器代人已取得初步成效。首先，缓解了用工压力。虽然用工情况不同，然而企业都表示，机器代人能够弥补劳动力空缺，实现节约工人30～780人不等。其次，设备的升级显著提升了生产效率。部分企业提高的生产效率甚至高达59%。最后，生产线稳定，使得产品良品率上升，产品质量提高，企业更具市场竞争力。由上述调研可见，机器代人能够有效解决劳动力短缺问题。接下来，让我们看看劳动力对于机器代人的态度。

我们走访了深圳典型的中端劳动密集型企业——富士康，对100位工人进行了问卷调查和深度访谈。工人们表示，富士康也正积极投入机器代人的浪潮，但企业并没有大面积裁员，而是调换部分工人的岗位，以适应机器代人后有所提升的生产效率，而且工人们的工作环境有所提升。同时，不少员工也希望参加技术培训，未来转向更高层次的技术岗位。

然而，东莞市规划局林工程师表示，"机器代人"成本较高，机器价格达到几十万元甚至上百万元，因此机器代人并不适合所有产业，尤其是低端产业。

（案例：我叔工厂为突破困境也曾经尝试进行自动化生产，我叔："我2010年以前的积蓄都用来自动化了，但做耳机产品每台啤机面前总要有个人送料吧，自动化封装又达不到客户要求，装箱和打包也做不到，所以说白了始终是靠劳动力的。"我叔的工厂最终倒闭。）

由此可见，在新的形势下，劳动密集型产业结构必须转型升级。我们了解到，东莞正在引进深圳高新技术型企业——华为公司。华为已然成为全球信息通信产业中的领头企业。我们对华为公司的左经理进行了采访。可以看到，华为在过去的20年中，一直以强大的技术研发投入作为支撑，积极寻求产业的转型升级。劳动力、土地、经济、环境……当传统要素推动已不可持续，珠三角低端劳动密集型企业已走到尽头，中端企业正以"机器代人"的方式转型升级，高新技术企业则在蓬勃发展。

由调研分析可见，机器代人对于珠三角影响颇大。机器代人的前瞻影响是解决当前珠三角劳动力短缺的困境。而回顾影响则是催生工业机器人智能装备产业，完善产业链，提升劳动力素质。同时，智能化带来的高效高质量生产，还将带来许多旁侧影响，诸如促使土地节约集约利用，减少土地需求，降低能耗和污染，减少生产成本，等等。

我们发现，机器代人已不仅可以缓解劳动力不足，更将促进产业转型升级，从而推动珠三角城镇化新进程。

四、珠三角城镇化新进程

珠三角制造业正由过去手工制造转向智能制造，形成新的劳动力结构；由此完成从劳动密集向资金密集，最终向技术密集型产业转变。在这一过程中，珠三角新城镇化将致力于由要素驱动转向知识驱动，由资源粗放利用转向集约高效利用。从传统城镇化的外向数量扩张转向内向的质量提升，城市发展的重点也将从传统的小城镇地区转向大都市区的建设。

为此，我们对珠三角城镇化的新进程提出以下几点建议：首先，大力推进技术创新，突破产业发展路径依赖。形成知识源导向、技术驱动的发展动力。其次，构建全球化平台，提升区域合作，在建设"一带一路"的新背景下，充分发挥珠三角城市群地区优势。最后，加强生态环保及文化建设，突出人文引领，构建世界级城市群。

始于18世纪的英国工业革命，带领全球进入城镇化的时代。而未来，以技术创新为核心的珠三角城镇化新进程，提升着城镇化的质量，演绎着城镇化的完整概念，还将使珠三角实现华丽转变，从"世界工厂"变成国际性的制造业创新基地。我们相信珠三角的明天会更加美好！

高分遥感提取地理信息的海岛登陆作战

邱若楠　安勤梦　宋依娜　李茂华　马大伟
指导老师：徐　军
（河海大学）

主持人：当前的国际形势复杂多变，因我国国情发展居民面临诸多周边不稳定因素，地理学一些独特的学科知识，可以为保护我国国土安全和领土完整贡献力量。河海大学代表队利用高分遥感技术对陌生海岛进行地貌获取和识别，对海军登陆作战方式和登陆地点的选择提出了建议。下面有请河海大学为我们带来《高分遥感提取地理信息的海岛登陆作战》。

河海大学：各位老师、同学们，大家上午好！我们是河海大学梦之队，我们的课题名称为《高分遥感提取地理信息的海岛登陆作战》。

一、海域之争实为海岛之争

我们知道海岛拥有非常丰富的矿产资源、生物资源、油气资源，更重要的是海岛是连接领海基线的重要节点。而领海基线不仅对沿海国的领海主张有重要意义，而且对毗连区、专属经济区和大陆架的主张也至关重要。所以海岛决定着国家的海域主权，未来海域战争是对海岛的主权争夺。

从我国的南海岛礁分布，我们发现部分岛礁离我国大陆较远，我们难以抵达并管制，便被其他周边国家强占了去。但随着高分辨率影像的出现，为我们了解和掌握海岛的信息提供了方法，为将来可能发生的战争做了充分的准备。

二、遥感影像信息的提取

信息提取分成五个部分,第一步是影像预处理,影像的预处理主要包括定义投影,坐标信息和图像的几何校正、图像的增强与融合等。第二步是遥感影像的分类,我们分别利用了监督分类、极大似然分类和面向对象对研究海岛进行分类,经过比较,最终确定了基于样本的面向对象分类。第三步进行地形因子的提取,在 Arcmap 中利用栅格表面分析工具对 DEM 数据提取坡度和坡向因子、山体阴影数据、等值线等,利用"瑞士 style"的方法,制作地形渲染图,增强地形的辨识度。第四步进行目视解译,完善监督分类和面对对象分类中的不足之处,目视解译是以地形因子分析的数据作为支撑,得到海岛的地形地貌图。最后一步是根据得到的地形地貌图和海岸微地貌图进行可行性分析。

三、海岛登陆作战

首先我们根据高分遥感影像图,结合相关资料,大致划分得到了海岛周围的深水区和浅水区,这对于我们对海岛整体地形的认识有很大帮助。我们根据遥感影像分类,通过提取海岛信息得到海岸带微地貌分布特征,其中我们选取了 4 个有代表性的区域进行重点说明。第一个区域为近陆地海岸带,粉砂—淤泥质海岸,海水较浅,流速慢;第二个区域为人工海岸,建设有防潮堤(坝)、码头等;第三个区域属于沙滩海岸,分布有较多人工港口,并建有机场;第四个区域有大量基岩海岸,近海岸丘陵地貌,属于生物海岸。综合各方面信息,第一个区域地势平阔,我们将其确定为主要登陆区,适合武装直升机和运输机等垂直登陆作战;第二个区域有部分人工建筑存在,因此我们选定为次要登陆区,作为后续物资和人员运输的站点;第三个区域有人工港口和机场,但属于敌人的大后方,因此我们选择用导弹摧毁;第四个区域则是丘陵地貌,不易到达,因此可以选择特种作战部队登陆。

此外,根据得到的海岛地形图,可以发现整体上海岛地形起伏,多丘陵,东部略高于西部,这些地形信息还可以辅助部队进行地形战术分类、占领制高点、野外标图和利用地形指挥战役、部署战斗等。另外,根据面向对象分类结果图，可以帮助我们辨别出居民区，有利于我们的队伍在作战时避开居民点，减少平民伤亡，而灌木丛等的辨别则有助于我们控制飞机的飞行高度。

四、不足与展望

当然，我们的研究也存在一定的不足之处。比如在遥感影像信息提取过程中，对于水深的判断把握不够好、面向对象的分类结果仍是比较细碎的，分类规则和方法仍有改进空间以及登陆过程中没有考虑潮汐变化等因素的影响。这些都是我们继续努力的方向。

我们选择高分影像，应用于军事，不是因为我们热爱战争；我们提取遥感影像信息，进行海岛登陆，只是因为祖国的主权不容侵犯。中国，一点儿都不能少！河海大学梦之队，我们始终与祖国在一起！

信息发展的不均衡
——新世纪以来我国互联网空间极化现象探究

牛彩澄　熊志飞　党　琴

指导老师：魏　冶　王　昱

（东北师范大学）

主持人：随着城市化加剧，世界各地之间联系紧密，信息逐渐成为一种重要资源，并且影响各个地区的发展，"大数据""互联网+"等时代相关概念不断体现。然而互联网在运用和普及过程中发展并不均衡，存在所谓的数据鸿沟、数据不均的问题。以下是东北师范大学的报告：《信息发展的不均衡——新世纪以来我国互联网空间极化现象探究》。

东北师范大学：尊敬的各位老师，亲爱的同学们，大家上午好！我们是东北师范大学代表队，我们小组要展示的是《信息发展的不均衡——新世纪以来我国互联网空间极化现象探究》。

一、研究背景

随着互联网的高速发展，"大数据""互联网+"等相关概念的提出，互联网几乎渗透到了我们生活中的各个领域。而更为重要的则是它对传统距离进行了重新定义，弱化了空间对我们的束缚。也正因为如此，我们曾一度认为互联网能够克服诸多地理条件的束缚，可以有效地减缓甚至消除区域经济发展上的差异。但由于互联网普及程度存在着显著的空间差异，这种进入互联网机会的空间差异性，将会导致不同地区获得互联网"红利"的能力出现不均衡，从而导致互联网时代区域发展的进一步失衡，这种地区之间的差异被学者称为"数字鸿沟"或"数字不均衡"。

对此，国内外部分学者进行了一系列相关研究。而这些研究多基于区域或省域等较大研究单位尺度，缺少较小单位尺度的研究，存在一定的信息缺失；同时，该类研究时间较早，缺少近年来的相关研究，其可能存在新的发展趋势。对此我们进行了如下研究。

二、研究过程

首先我们基于《中国城市统计年鉴》提供的地级市数据作为基础数据，辅以《中国互联网络发展状况统计报告》进行校正，剔除2010年的数据，并以互联网渗透率——即年末国际互联网用户数与年末人口数之比，对这一基本互联网普及程度反映指标进行后续研究。

对于研究单位尺度问题，我们通过多层线性模型，对从2001—2014年的数据进行相关分析，结果表示在2001—2014年的大部分年份中，选用省作为研究单位相较于以地级市为研究单位会存在较明显的信息缺失，在此仅以2001年及2014年的分析结果作为展示。

为了测度互联网发展的不均衡性，我们选用基尼系数、泰尔指数、赫芬达尔—赫希曼指数及沃尔夫森极化指数四项极化指数，试图从不同的指数中探讨互联网发展的极化趋势。结果发现四项极化指数基本呈下降趋势，而沃尔夫森极化指数在2010年后却出现了回升，即表明各地级市之间互联网渗透率差异在减小，但互联网渗透率较高城市集团与较低集团在不断扩大，而互联网渗透率中部城市在减少。

在指数分析的基础上，为了探讨我国互联网在空间上的具体变化趋势，我们选用标准差椭圆进行空间分析。从结果可以看出，我国互联网标准差椭圆基本呈扩大趋势，即各地级市之间互联网渗透率差异在不断减小。

而标准差椭圆的重心变化则较为有趣。其在2001—2010年间不断向西北方向迁移，2010年之后则再次向东南方向回迁，这与沃尔夫森极化指数的变化存在着一定的耦合。

因此，我们按照沃尔夫森极化指数的定义，将地级市按互联网渗透率，以中值为界，划为互联网渗透率较高及较低两个集团，分别进行标准差椭圆分析。可看出我国互联网渗透率较高及较低的城市分别集中分布在我国东南沿海及内陆和东北地区。而二者的重心在2001—2010年分别由南向北、西和由北向南不断靠近，2010年之后再次远离向相反方向迁移。

因此，我们基本发现，我国各地级市互联网发展存在一定的空间联系，于是我们通过莫兰Ⅰ指数进行空间相关性的分析。2001—2014年全局莫兰Ⅰ指数基本呈上升趋势，即各市之间互联网发展相关性越来越高；而局部莫兰Ⅰ指数则更为明显地反映出我国互联网普及程度较高的城市集中于我国长三角、珠三角地区，并呈不断扩大趋势。

三、结论与建议

通过近几年来互联网发展速率及以上分析，我们将城市按互联网发展类型划分为三类：其一是互联网普及程度极低的城市，这些城市互联网发展速度较慢，但基数较小，取得较小增长后即可达到较高的互联网渗透率；其二是部分一线及强二线城市，此类城市本身拥有较高的互联网渗透率，同时也拥有足够的成本及较高的需求进行互联网建设；其三较多的是一线及强二线城市周围地区的城市，此类城市受核心城市的辐射，取得了较快的互联网发展。

对于我国的互联网基础设施建设，我们将其划分为两个过程。在我国互联网发展早期，互联网概念及技术刚引入，在大城市得到率先发展，在等级扩散的机制下大城市快速发展，小城市则相对缓慢发展，并逐渐达到平衡，即第一轮的数字极化。而近年来由于"大数据""互联网+"等相关概念的提出，互联网重新得到重视，同时城市产业转型、区域一体化发展等城市发展理念的转变，促使一些核心城市带动周围城市进行互联网建设，形成第二轮区域极化。

对此，我们提出以下建议：

（1）政策先行，加大中西部地区互联网发展力度。

（2）要协调发展，增强互联网区域一体化建设。

（3）互联网建设不仅仅是基础设施的完善，更是互联网人才的培养，我们需要深化结构，全面提升信息技术普及程度。

在本次研究中，我们学到了很多学术上的东西，同时在小组合作中也体会到了团队合作的重要性。虽然本次研究告一段落，但我们会将这一研究继续下去，谢谢！

"互联网+"时代微商女性的空间重构初探——以香港"幸福狐狸"为例

李云茜　姚　田　梁　康　卢子涵

指导老师：钟赛香

（武汉大学）

主持人：空间生产理论被普遍应用于旅游领域，但是缺少对女性的研究。"互联网+"时代不仅创造了经济的新生态，也改变了众多宝妈和非职业女性的生活。下面有请武汉大学队为大家带来的《"互联网+"时代微商女性的空间重构初探——以香港"幸福狐狸"为例》。

武汉大学：各位评委老师、亲爱的同学们，大家好！今天我们展示的是《"互联网+"时代微商女性的空间重构初探——以香港"幸福狐狸"为例》。

一、研究背景

本次的研究背景有三个。

1. 互联网+

苹果公司测试数据表明，互联网时代改变了人们的行为习惯，使用户的依赖从实体、PC端转向移动端，从而使互联网融合各种传统行业成为现实。

2. 女性

由经典的婚前事业飘红婚后发展黯淡的实例可知，在女权运动影响下，现代女性的独立意识和经济意识使其在家庭和事业间会出现难以避免的矛盾。该矛盾使得女性研究成为迫切之需。

3. 空间内涵的变迁

探究空间内涵的演变可知，康德的空间思想、区域学派重在探讨绝对空间，空间分析学派、人文主义学派和激进主义学派重在探讨相对空间，马克思主义学派和后现代主义学派重在探讨动态空间。但从绝对空间、相对空间到动态空间，都是在探讨实体空间。"互联网+"时代，空间的内涵会发生变化吗？

二、研究主题

由此，我们的主题有两个，一是探究"互联网+"时代空间的内涵变迁，二是探寻女性空间在"互联网+"时代被重构的机制和过程。我们主要采用问卷调查、深入访谈，以及体验微商的方法进行研究。

我们的问卷主要调查微商从业者和消费者。我们的问卷主要在朋友圈里发放，微商的调查对象主要为"幸福狐狸"各大团队的微信群里的代理；消费者主要为研究者朋友圈的朋友。其中被调查的从业者有105人，消费者有155人。

幸福狐狸公司周一至周五每晚都有培训或分享会，我们在课后对部分主讲嘉宾进行深入访谈。主要询问其与上级代理的空间关系和人际关系，其从事微商的原因，微商对其自身的影响，以及该嘉宾对微商之路的未来展望。

研究立项后，我们立刻开始了微商体验，深入微商群体，参与学习线上分享课程，定期发朋友圈，定期撰写心态日志并与团队及时沟通，试图通过亲身体验了解微商从业者的心态变化和空间重构过程。

三、研究结果

在图6中，实心圆表示微商代理所在地，空心圆表示该微商的上级代理所在地。左图显示，108位代理分布范围较广，代理与上级代理之间的空间关系突破了实体空间的限制。右图显示，大量的代理都集中分布在重庆，代理之间的空间关系体现了空间近邻效应。从微商代理实体空间关系分析可知，"互联网+"使得微商代理的发展突破了传统实体空间的限制，但仍然受距离衰减规律影响。

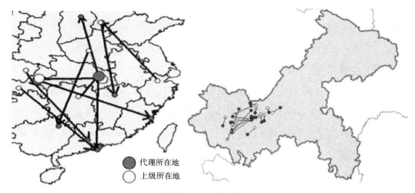

图6 微商代理实体空间关系分析

微商到底是如何实现女性空间重构的，在代理关系发展模式上有所体现。女性通过微商上级与下级代理的发展关系，使得人际关系由实体空间落到虚拟空间，大量囿于家庭的女性通过微商得以扩展人际关系，同时实现自身价值。微商也正是通过这样的五五倍增模式得以迅速发展。

我们选择了三位代表性的分享嘉宾。家庭与工作的困境、宝妈的困境，让女性重新思考自己的角色和自我实现。女性应该如何在这个社会上立足，如何在家庭中立足，这是一个随时代变化不断求索的命题。而在当今时代，在"互联网+"大背景下，命题有了新的可能。不甘止步于相夫教子的传统女性，她们试图走入社会，然而家庭无法舍弃，责任和爱是幸福也是枷锁，这就是当代女性的困境。在新时代，突破该困境，成为众多女性尤其是宝妈的追求。互联网，或者更具体地说，微商，在一定程度上也在一定数量上解决了这一困境。微商日常的学习交流互动促成了女性更合理地利用空余时间；通过微商，她们获得了一定的经济收入，也满足了女性对自我实现的需要，从而获得心理和精神上的富足。在"互联网+"背景下，传统女性借助微商，呈螺旋上升方式回归家庭，也融入社会，成就当代新女性。

从微商访谈和体验可知，微商的经历总有几分相似，几乎都经历了一个由惊诧—质疑—观望，到被接受—认可，进而被支持与合作的过程。该过程促使女性心理容量增加、思想意识改变，该重构既是空间重构的过程，也是重构的内容，更是空间重构的意义所在。理论上，微商从业者，将激活既有人际关系，如多年不见的同学、久未联系的朋友；会激活从而加强自己与朋友圈熟人的沟通和联系；同时会促进有意增加朋友圈新友，如一面之缘、附近的人、朋友的朋友等。实际操作层面上，朋友圈即门面，每天规律地发微信日记，打造有自我特色的朋友圈，通过朋友圈传递商品信息和自我特色。

（案例：从事微商后，曾静的上级代理不断出现新点，她的下属代理不断有新点出现，点与点构成了直属代理关系谱线；不断出现的新点成就了曾静的建立在实体空间基础之上、基于实虚拟空间互动的人际关系，进而发展为代理关系网。）

从案例分析可知：第一，微商构建了女性的网络虚拟空间。简单而言，让女性的虚拟空间从单点，到点点成线，进而点线成网。第二，微商拓展了女性传统的实体空间。从事微商前，大部分女性仅囿于居住地和工作地，尤其是宝妈们，大多局限于家庭。从事微商后，销售和宣传的需要使得微商女性开始参加线下小众聚会、线下推广活动和集团的各种商业活动，不断拓宽了她们的实体空间。

通过以上研究，我们可以得出以下结论：

（1）"互联网+"时代空间的内涵的确发生了变化，实现了实体空间与虚拟空间的融合。

（2）这个金字塔模型（图7）映射出微商女性空间的重构过程。在传统地理空间的基础上，微商女性借助虚拟的网络空间，实现了人际关系的扩展，进而改变了自己的心理空间，从一个狭隘的相夫教子的传统女性转变成具有开阔眼界和胸襟的现代女性。至此，微商女性的空间重构得以实现。

图7　微商女性空间重构金字塔概念

（3）微商女性空间重构的最核心原因，在于女性虽囿于家庭角色的特殊，但在女权主义影响下，却有着自我价值实现的追求。"互联网+"时代，的确给女性打造出她们的虚拟空间、拓宽她们的实体空间和重塑她们的心理空间，提供了平台和机遇。

南京市新能源汽车充电桩空间布局研究

杨瑜玲　周文浩　胡昊宇　周　健　贺一舟
指导老师：汪　涛　刘军志
（南京师范大学）

主持人：当前，节能环保已成为世界需要主要解决的问题，而随着我国经济的不断发展，传统农业汽车的高排放污染造成了环境污染。在这一大背景下，低排放、低消耗的新能源汽车成为大众关注的焦点，但我国配套的基础设施还并不完善，而作为充电车重要的配套基础设施，充电桩布局的不合理成为影响新能源汽车未来发展的重要因素。下面是南京师范大学带来的《南京市新能源汽车充电桩空间布局研究》。

南京师范大学：尊敬的老师、亲爱的同学们，大家上午好！我们是南京师范大学动力满满团队。

众所周知，随着自然环境的恶化，节能与环保已经成为当今时代的主题。而传统能源汽车的高能耗与汽车尾气带来的空气污染让主要依靠电能驱动、极低排放的新能源汽车逐渐走入了人们的视线，也不断引起了社会各界的关注。

"十三五"规划明确指出，"实施新能源汽车推广计划，提高电动车产业化水平"。在2016年全国"两会"上，李克强总理提出"加快建设城市停车场和新能源汽车充电设施"的行动计划。2016年前7个月，新能源汽车产销分别增加21.5万辆和20.7万辆，同比增长119.8%和122.8%。短短几年，我国成为全球最大的新能源汽车生产国和消费国。预计2020年，新能源汽车保有量将超过500万辆，中国将成为全球新能源汽车的核心主战场。

新能源汽车如此井喷式的发展，却也带来了这样一个问题：其配套设施充电桩究竟能否满足这剧增的需求呢？

为了解决这一疑虑，本项目围绕南京新能源汽车充电桩的空间布局展开研究，具体步骤如下：前期调研（文献查阅、实地调研、问卷调查、访谈咨询）—分析研究（现状分析研究）—规划布局—未来计划。

一、前期调研

实践是检验真理的唯一标准，查阅了相关文献后，我们开始了实地调研。首先，我们实地考察了南京市 16 处官方建桩处。其次，我们采访了相关政府部门、企业以及各类车主。最后，我们向汽车消费人群发放了调查问卷。

通过以上调研，我们发现，除了新能源汽车的安全性，民众最关注的就是充电的便捷性。而当前南京市充电设施缺乏统一规划，布局不合理，成为影响新能源汽车推广的一大重要因素！

二、分析研究

为了进一步证明这一观点，我们在 ArcGIS 中进行了分析。

依据 2016 年国网江苏电力白皮书中公布的"三公里充电圈"目标，以及南京市交通局公布的现有充电站位置，我们在 ArcGIS 中进行了数字化和空间分析。从以 3 公里为半径的缓冲区分析结果来看，六合、江宁、溧水、高淳等多个远郊区未得到很好的覆盖，与"三公里充电圈"的目标相去甚远。

我们根据城市道路工程设计规范中不同道路的通行速度进行赋值，基于成本距离进行可达性分析。我们可以看到，随着蓝色的加深，充电站可达性逐渐增强，可达性较好的地区集中在南京主城、浦口、仙林、龙潭、板桥，以及高淳、溧水的城区。而其他地区的新能源汽车车主，很难在自己身边找到充电站，容易出现供不应求的状况。

三、规划布局

通过以上分析,我们发现南京市确实存在充电设施布局不合理的情况,有必要通过相关规划来解决。因此,我们提出了一套 2020 年空间布局的方案,分为市域的总体建设计划和区域的详细布局。

对于区县层次的总体建设计划,我们首先按南京市"三公里充电圈"计划计算得到南京市域的总计划数量,共 934 个充电站点。再按照科学性、综合性、稳定性、可行性的原则,我们选取了人均 GDP、成年人口、交通拥挤度、公共财政收入、城镇居民人均可支配收入、社会消费零售总额等影响指标,根据最大值标准化法消除数据的量纲,按照 AHP 层次分析法进行决策分析,计算得到市域各辖区的综合评分。最终将综合评分与总体计划建设数量相乘,分配计算得到市域各辖区的规划建设数量。

从南京市各区规划前后的充电站数目上看,通过按照科学指标分配充电桩配额,在区县层次保证了整体布局的合理性。

历史街区的死与生
—— 一份来自北京的报告

廖嘉妍　朱家莹　刘嘉琛　蔺婷婷　李梦天
指导老师：张景秋　杜姗姗　黄建毅
（北京联合大学）

主持人：历史街区承载着历史的变迁，如今我们熟悉的街道早已面目全非，以前胡同的生活早已变成了清一色的商业门店，商业化掩盖了老街的味道。一份来自北京的研究报告，有请北京联合大学带来的展示：《历史街区的死与生—— 一份来自北京的报告》。

北京联合大学：亲爱的老师、同学们，大家上午好！今天我们展示的内容是《历史街区的死与生—— 一份来自北京的报告》。

一、引言

说起历史街区，我想到的是手艺人走街串巷的吆喝，我想到的是胡同里奶站、煤铺、油盐店里和蔼的街坊邻居，我还想到那些无比熟悉、恋恋不忘的歌谣：漂亮车，讲卫生，不拉小脚拉摩登……大家是否也和我一样，有着相同的回忆？随着拆迁整改，这些承载着小小少年们奔跑与欢笑，充满着老字号家庭作坊的古道巷口，被整齐划一的品牌连锁店替代……

历史街区的复兴与否也被旅游经济单一定义。无比幸运的是，从词频统计分析可以看出，已经有越来越多的人开始关注和重视历史街区复兴这件事。这是我们身边的地理学，更是我们这次展示的主题。

所以这份来自北京的报告，将从历史街区的保护缘起与发展、北京案例调查分析与比较、国外案例借鉴与启示、评述与总结这四个方面进行展示。

从全球的视角来看，历史街区的保护进程中有六次纲领性文件的颁布，而对应国内，也有着四次大的转折。北京作为第一批历史文化名城，也做了大量工作，出现的问题也是相对有代表性的。所以有人说，每一个城市都有一个南锣鼓巷。

二、北京案例调查与分析

我们团队选取了南锣鼓巷、五道营胡同、鲜鱼口大街三个调查区进行实地调查与分析，这三个调查区有相同的区位特征：它们都是代表性、典型性、历史性的历史街区，被列入了北京历史街区保护区范围，在国内外有一定的知名度，历史街区内多种功能空间并存。

我们采取了田野调查、意象地图、深度访谈的调研方法，对调查区的温度、湿度、分贝值、街区尺度以及北京居民对历史街区的感知进行调查。

我们先来感受一下历史街区的演变，南锣的老地标沙井副食店，如今已经变成小商品店。南锣与元大都同建于1267年，是元大都的市中心，清初镶黄旗居住于此，胡同里的小商铺开始发展起来。鲜鱼口在明朝因专卖活鱼而得名成市，光绪年间前门设火车站，鲜鱼口成为北京最繁华的商业街。五道营前身为明朝武德卫营，是当时的兵营驻地。

我们对调查区的环境特征进行了分析，共记录了12个采样点的温度、湿度、分贝值以及它们对应的功能区。以雍和宫地铁站为对照点，综合夏季人体体感最适温湿度及北京8月平均气温，可以看出五道营街心公园属公共绿化区，湿度较高；而五道营胡同、南锣鼓巷、鲜鱼口大街属商业区，温度偏高。

我们再来分析一下分贝值。南锣鼓巷80分贝，鲜鱼口大街76分贝，五道营胡同59分贝，对照《城市区域环境噪声标准》，除五道营胡同外，其他调查区均超国家标准。腾讯新闻刊登了一条"南锣鼓巷因噪音被罚款"的新闻，这充分说明商业化过度带来的分贝值严重扰民的问题。我们还记录了一张南锣鼓巷的分贝值路线图，可以看出主街分贝值很高，其他几条胡同背离主街，分贝值呈下降趋势，喧闹的环境对周围居民及历史古巷有很大影响。

我们对街道尺度进行对比，南锣鼓巷主街道路宽8米，鲜鱼口大街道路宽6米，五道营胡同道路宽4.5米。南锣鼓巷街道宽，机动车、三轮车多，导致其街区承载力达到饱和，而五道营胡同有着适宜步行的道路宽度，为游客和居民提供了良好的社交环境和生存空间。

我们团队通过意象地图的方式展现了历史街区的风貌。在居民的画笔下，我们可以清晰地看到历史街区肌理的变化。老一辈人向往的地标性建筑不见了，取而代之的是创新商铺和品牌店；门口乘凉的老人不见了，取而代之的是拥挤的车辆。这一切都诉说着老北京胡同的变化。

下面我们来听听当地居民的心声吧，他们是我们在实地调研时的访谈对象。在他们看来，繁华只是表象，改造工作并没有很好地再现老北京的风貌，品牌正逐渐被全国性产业所占据。

通过对南锣鼓巷的调查我们可以看出，餐饮业在商业业态中占有很大比重，其次是以艺术商铺为主的创意产业。两者都以老北京文化为名片，凸显出高品位的文化气息。鲜鱼口商业业态主要以老字号为主，但其类型较为单一，品牌过度集中，大量的改造工作并没有很好地还原老北京的风貌。满街的全国品牌让老北京的味道黯淡了许多。

五道营随着创新元素的引入，居民的生活空间被逐渐弱化。尽管有大量的特色创意商铺入驻，但历史街区风貌依旧保留完整。商业化脚步的迈进，使其有可能发展成为下一个南锣鼓巷。

因此，我们可以看出历史街区死的困境体现在：当地居民生活空间被弱化，商业业态单一缺乏特色，寻租行为导致该地区商铺更新过快；街区发展与居民福祉不匹配。相对应的历史街区生的希望体现在：人们对历史街区保护意识的增强；人们文化消费理念的改变；城市街区功能的转型以及国家政策的大力支持。

三、国外案例借鉴与启示

针对北京历史街区死与生的问题，我们选取了3个具有借鉴性的国外典型案例。

案例一，parklet。parklet是美国提出的一种微公园概念，便于人们在街边停留、休息，具有拓展公共空间、增强居民社交生活的优点。2010

年第一例 parklet 出现在美国旧金山。2014 年 parklet 在北京大栅栏进行为期一个月的展示，展示了对汽车侵占居民交往空间这一问题的改造，也引起了人们的热议，一部分网友表示担忧，认为公共设施可能遭到破坏，还有一部分网友表示赞同，认为 parklet 以人为本，值得借鉴。案例二，韩国仁寺洞。政府出台政策，鼓励传统行业的发展，这使得仁寺洞传统的商业业态得到了保护。案例三，日本一番街。居民出于恋地情结，自发形成保护组织，参与到历史街区保护中，为街区的建筑、历史文化作出了巨大的贡献。

通过以上 3 个案例，可以看到在历史街区的保护中我们应该：①重视当地居民的生活空间需求。②通过立法鼓励传统行业，控制商业业态。③街区的尺度应该是适宜人步行的尺度。④鼓励当地居民参与到街区管理与保护。

四、评述与总结

历史街区的死与生，我们这份来自北京的报告正呼应了简·雅各布斯的著作《美国大城市的死与生》中 4 个城市多样性的营造原则：地区内部区域能确保人流存在的主要功能必须多于一个，短的街道形成良好的街道可达性，足够的主要功能和建筑年代的混合度，足够的行人密度。

从以上对北京历史街区的实地调查和国外案例带来的借鉴与启示，我们更进一步地认识到：历史街区保护和留存的不仅仅是历史建筑风貌，更重要的是保留原有的文化形态以及原有的居民生活环境与形态。形成文化传承与创新的集聚，要保护历史街区的真文化，传播真正的城市文化。作为城市规划者，要真正地懂文化，把真正的文化融入规划之中，社会公众参与度尤为重要。只有真真正正地把历史街区的居民生活形态以及融入其中的文化氛围整体保存下来，才是真真正正地保护历史街区的人文地理形态。

在这里，我们要向为地理学界努力付出的前辈致敬。地理学就在我们身边，生活与地理紧密相连。我们，作为地理学专业的学生，要有一双发现问题的眼睛，通过我们的努力让城市变得更加美好！

下编　自然与综合地理学

此次大赛专家按创新性、科学性、可行性进行综合评分，最终确定了自然地理20支参赛队伍入围全国总决赛，分别来自华南师范大学、安徽师范大学、湖北大学、泰山学院、武汉大学、临沂大学、福州大学、山东农业大学、中国地质大学、岭南师范大学、山东财经大学、吉首大学、山东科技大学、中山大学、天津师范大学、兰州大学、河南理工大学、黄冈师范学院、重庆交通大学、惠州学院。此次自然地理展示，按照展示内容分为环境问题、气候与灾害、土地覆盖三个主题。以下对三个主题进行作品展示。

第五章　环境问题主题

中国面临的环境问题相当严峻，主要包括自然生态环境面临污染、破坏的问题，和以城市为中心的环境问题两个方面。正确处理城市发展与资源、环境的关系，走可持续发展之路刻不容缓。本主题部分，报告者展示了当下城市土壤的污染状况、地表灰尘重金属对人类健康产生的风险；红树林湿地受到的污染；银杏树轮宽度、树皮硅藻等作为环境变化的监测指示剂；水库面源污染、城市景观水体质量评估和雨水的资源化研究等。

广州市海珠区公共用地土壤重金属污染状况及人体健康风险评估

吕丹娜 孙华欣 林 萍 宋 爽 徐 帅
指导老师：姚爱军
（中山大学）

主持人：土壤中重金属元素多为微量元素，具有毒性强、迁移难、危害大的特征。重金属不仅可以通过水和氮进入小环境，还可以通过呼吸和皮肤接触的方式进行接近，影响人体健康。当下城市土壤的重金属污染状况如何呢？又会对人体健康产生什么风险呢？下面由中山大学带来《广州市海珠区公共用地土壤重金属污染状况及人体健康风险评估》。

中山大学：尊敬的各位老师、同学们，大家下午好！我们是中山大学代表队。今天我们从身边出发，将目光聚焦于城市公共用地土壤重金属污染及人体健康风险评估，我们将以广州市海珠区为例展示我们的研究方法和成果。我们今天的展示共分为四部分：背景、研究方法、结果讨论与总结展望。

一、背景

穹顶之下，我们关注雾霾、净化蓝天；江河湖海，我们采集水样、治理河污。然而，你可曾想过，就在我们脚下，就在我们生活周边，便可能存在威胁我们健康的污染？你可知道，我国土壤污染超标率达16%，无论是无机污染还是有机污染，都在共同威胁居民的健康安全。在南方，重金属污染情况尤为严重：就珠三角而言，土壤铬含量竟为广东省的5倍。土壤重金属无色、无味，却会对人体产生不可挽回的伤害，一旦重金属集聚在与我们生活密切相关的城市公共区域，这些我们曾经认为最安全也最清洁的地方，那么我们，尤其是儿童，将时刻暴露在危险的环境中。因此，我们小组选取广州市海珠区不同公共用地类型的土壤，分析重金属铬和铅的含量与污染源，同时进行人体健康风险评估，以期为城市土壤重金属污染防治提供依据。下面有请我的队友来为大家介绍实验的研究过程和方法。

我们的整体研究思路是，在传统自然地理学实验的基础上，结合 GIS 的可视化以及科学的评价体系，开展本次研究。

二、研究方法

首先我们通过遥感协议获得了 2016 年广州市海珠区土地利用类型图，并从中选取了四类与人类生活最密切相关的公共用地作为我们的研究对象，分别是文体设施用地、公园与绿地、科教用地、医疗及卫生用地。我们在地图上将这四类用地与其他用地区分开来。

采用随机布点法、五点混合取样，最终一共获得 33 个采样点。我们将野外所获得的图样进行制备，使用王水法消解，整个过程中我们都通过平行实验、空白实验、标样回收率等方式进行质量控制。最后再将消解后的土样送到中山大学测样中心，分别使用 ICP – MS 和 iCAP QC 测定土样中的镉和铅含量。

为了探讨污染来源，我们还对采样地附近几条主要核心的水样进行了采集。消解后同样送至中山大学测样中心，使用 ICP – MS 进行测定。从野外采样到样品预处理，我们亲身参与了每个环节。

我们结合单因子和综合污染指数，对公共用地中的铅和镉污染等级进行评价。同时引用了国外的 CDI 模型，进行了人体健康风险评估。

城市土壤中铅和镉进入人体的主要途径有 3 种，分别是直接摄入、土壤层摄入和皮肤接触。3 种摄入途径的风险值计算公式有所不同。

三、结果讨论

根据实验结果，我们得出以下结论。

首先通过铅、镉的含量特征分析，我们可以发现，广州市海珠区铅、镉的平均含量均超过了广东省土壤平均值，其中样品中铅和镉的超标率分别高达 75% 和 100%。通过观察变异系数我们可以发现，铅的空间分布差异较小，镉含量的空间分布差异较大。

那么，海珠区公共用地土壤重金属污染是否已经达到了威胁公众健康的程度呢？对此我们又进行了污染评价分析。通过观察单因子污染指数我们发现，铅为轻度富集，镉已达到重度富集。从综合污染指数可看出，不同公共用地类型土壤所受的污染程度有所不同，由高到低依次为：公园与绿地、医疗卫生用地、科教用地、文体设施用地。

根据我们的人体健康风险评价结果，我们得出以下结论。首先，海珠区四类公共用地，铅、镉的健康风险值均小于1，暂时未对公众健康造成明显威胁，但是值得注意的是，公园与绿地的健康风险值最大；其次，在同一暴露途径下，儿童所受的健康风险明显大于成人。在3种暴露途径中，通过手、口直接摄入的暴露风险最大。

通过以上对结论的探讨我们发现，海珠区公共用地中公园与绿地的健康风险值最大，污染程度最高。其中的污染源又主要是哪些呢？由相关性分析，我们可以看出，海珠区四类公共用地重金属铅、镉呈强相关关系。说明二者可能存在相同的污染源。根据实地查找和调查相关文献资料发现，3个采样点均位于海珠区湿地果园景区内。区内水网密布、果园农业历史悠久，存在两大工业区，见图8。据此，我们推测土壤重金属可能来源于工业污染和农业污染。

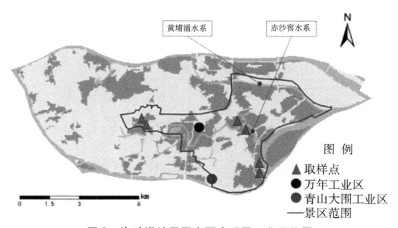

图8　海珠湿地果园主要水系及工业区位置

为了验证这个猜想，我们主要和海珠区的水样进行实验。从实验结果我们可以看出，根据农田灌溉水质标准，所有的水样均遭到不同程度的污染，其中靠近工业区的水样污染程度最为严重。实地调研发现，附近的工业作坊敞露效果明显，环境较差，这说明工业污染是土壤重金属的主要来源。从农业污染源来看，除了使用受到污染的水，该果园农业历史悠久，长期使用农药、化肥也是土壤重金属的主要来源。

四、总结展望

回顾此次研究过程，我们得出以下结论。首先，海珠区四类公共用地确实存在污染，其中公园与绿地污染最为严重，存在多个污染来源。土壤中重金属虽然未对人体健康造成明显影响，但存在长期暴露风险。此外，在研究过程中，我们还发现后续研究应增加对前期污染源的持续检测和研究。

穹顶之下，浩瀚江海。更不应该忽视身边的环境问题。一方面，公众应该提高对公共用地土壤污染问题的关注度；另一方面，政府应该加大对公园和绿地的环境保护力度，重点发展清洁生态，关注公共用地土壤污染重金属问题。

以上是我们的全部展示内容，谢谢！

"海上卫士"不可承受之重
——湛江市红树林重金属含量特征及其污染评价

柯思茵　曹　升　董小洁　梁健振
指导老师：陈碧珊　罗松英
（岭南师范学院）

主持人：红树林素有"海上卫士"之称。湛江红树林国家级自然保护区是中国现存红树林面积最大的保护区，在生态、经济等方面起到了重要作用。随着经济发展和人类活动的加强，红树林湿地逐渐受到污染，而其表层土壤及植物重金属污染状况究竟如何呢？下面由岭南师范学院带来《"海上卫士"不可承受之重——湛江市红树林重金属含量特征及其污染评价》。

岭南师范学院：我们小组展示的是关于红树林地区重金属污染的研究。

一、引言

我们研究红树林的原因有两个：第一，因为红树林具有防风、固沙、净化海水等功能，它也被称为"海上森林"和"海上卫士"；第二，红树林对重金属具有吸附和一定的富集作用，但是当重金属含量超过一定限度的时候，将会对红树林植物、土壤乃至人类健康产生一定的威胁。

虽然红树林广泛分布于我国热带和亚热带沿海地区，但湛江市实施"工业立市"和"以港兴市"的发展战略，随着这两个战略的实施和人类活动的加强，会对湛江市红树林生态系统造成一定的冲击。而且，湛江市拥有中国大陆沿海地区最大的红树林自然保护区。最后根据国内外专家学者相关的研究情况，我们可以看出国内的学者对于红树林重金属污染的研究主要集中在深圳福田、广西和福建等地，而对于湛江地区的红树林重金属污染的研究还稍有不足。因此，我们选择湛江市作为研究案例地。

二、样本采集

经过我们3个月的辛苦工作，我们的研究顺利地结束了。第一站我们到达了霞山区的观海长廊，观海长廊的红树林植物种类比较多，主要有白骨壤、红海榄、秋茄、木榄和桐花树。接下来我们到达了徐闻南山，南山的红树植物种类主要以白骨壤和红海榄为主。最后一站我们到达了雷州企水，企水的红树植物主要以白骨壤为主。在采样的过程中，我们的队员相互协作。我们首先用塑料小铲将表层土壤的枝落叶刮去，然后使用PVC管采集表层10厘米的土壤，依次放在封口袋进行标志送回实验室。在实验室处理中，我们先将样品进行风干、研磨、过筛，最后送往广州澳实分析检测实验室进行测试。

三、实验结果及分析

首先从表层土壤重金属元素的含量特征来分析，主要是对比重金属元素的含量和环境背景值以及土壤国家环境质量一级标准。在这3个采样区域中，首先来看南山地区，其中所有重金属元素的含量平均值都超过了环境背景值，其中砷、铬、铜等6种元素的含量平均值超过国家标准。而在企水地区，只有砷元素的含量平均值超过环境背景值。在观海长廊地区，其中砷、钴、铜等5种元素的含量平均值超过环境背景值。接下来我们来分析表层土壤重金属元素的污染程度。首先在南山地区，钴、汞、镍的污染水平很高。在企水地区，只有砷元素处于中等污染水平，在所有处于轻微污染水平的元素当中，汞和锌的值最高。最后我们来看一下观海长廊地区，其中镉、汞、锌的污染水平很高。接下来，我们来分析表层土壤重金属元素的潜在生态风险。从单个污染物的潜在生态风险来看，汞的污染程度很强，而镉和铜分别为强污染和中等污染。最后我们从总的潜在生态风险来看，南山和观海长廊处于强污染程度，而企水只是轻微的污染。见图9。

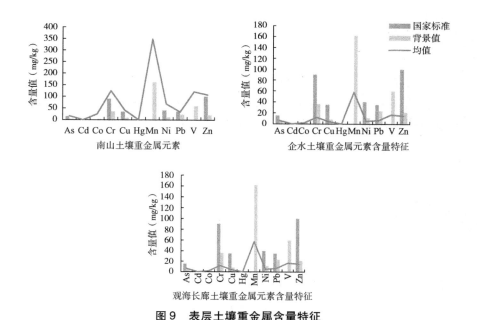

图9 表层土壤重金属含量特征

其中,之所以企水对比南山和观海长廊地区的污染程度要轻,有以下几个原因。

首先,我们通过卫星图像发现,企水红树林湿地位于一个小岛上,远离居民区,所以基本上没有受到生活垃圾和生活废水的直接影响,因此它是属于轻微污染。

其次,我们来看一下观海长廊地区,观海长廊地区的红树林湿地主要位于霞山主城区,靠近篆塘排污口、湛江港区、湛江海湾水上巴士码头以及休闲娱乐的渔港公园和海滨公园,受人类活动影响比较大,因此它的污染程度也是比较大的。

最后,我们来看一下南山地区,南山地区的红树林湿地临近居民区,加上渔船漏油和粤海铁路等因素的影响,因此它属于强污染。

因此,我们通过总结分析得到以下三个结论:①从重金属的含量特征来看,南山地区的砷、铬、铜等6种重金属的含量特征是属于超过国家标准值的,而企水和观海长廊地区所有重金属元素的含量均值都是低于国家标准的。②污染程度和生态风险高。③从污染的成因上看,红树林重金属污染主要受到养殖业、运输业和生活污水等人类活动的影响。

四、启示

通过以上分析展示,我们可以了解到,湛江市红树林受到了不同程度的重金属污染的威胁。但是我们相信,随着政府和普通市民对于保护红树林意识的提高,湛江红树林的明天会更美好!

张家界永定城区地表灰尘重金属空间分布特征及健康风险评价

姜莉欣 刘 焱 谢 欢 欧 成
指导老师：庄大春 杨 杰
（吉首大学）

主持人：地表灰尘重金属作为空气污染的重要组成部分和居民健康的主要风险因素，一直受到学界、社会以及政府的多重关注。下面由吉首大学带来《张家界永定城区地表灰尘重金属空间分布特征及健康风险评价》。

吉首大学：各位评委老师、各位同学，大家上午好！我们是来自吉首大学的武陵毓秀队。

一、引言

我国经历了长期的粗放型经济增长，环境污染问题日趋严重，由此带来的健康风险也越来越大。如湖南郴州儿童血铅超标事件、陕西凤翔数百儿童铅超标、广东珠三角重金属污染"菜篮子"等等。城市地表灰尘是城市环境重要污染源，重金属是城市地表灰尘中富集较明显的微量元素，具有较大的环境污染危害。重金属污染及健康风险评价，国外起步较早、研究较多，取得了大量成果。而国内起步较晚，20世纪90年代，潘自强院士课题组在我国核工业系统开展了环境健康综合研究，标志着我国健康风险评价的起步。随后，也有人陆续对国内一些重点旅游城市的重金属污染状况进行了研究，如上海、杭州、成都、贵阳等。

自20世纪80年代以来，张家界开始大规模的旅游开发，目前拥有众多5A、4A级景区，如天门山国家森林公园、土家风情园等。永定城区作为张家界市中心城区，承担全市各大景区游客集散功能，人流车流量大，由此带来的环境压力日益增加。因此，科学评价城区环境质量及健康风险十分必要。我们将从研究方法、研究过程、结果讨论、结论与展望四个方面来展示我们的研究成果。

二、研究方法

方法上，我们用 ICP 法测定得出地表灰尘重金属含量并应用 SPSS 软件对重金属进行相关性分析；运用 GIS 空间分析法分析重金属空间分布特征；应用 RBCA 模型进行重金属健康风险评价。重金属健康风险评价 RBCA 模型，由美国 GSI 公司根据美国试验与材料学会的"基于风险的矫正行动"标准开发，它是此次研究的核心，它综合重金属与人类发生接触摄入的多种数据，通过皮肤接触、手口接触及食物富集等途径进行致癌与非致癌健康风险评价。我们主要研究以下 5 种重金属类型：铅（Pb）、铜（Cu）、镉（Cd）、锌（Zn）、铬（Cr），及它们对人体的危害。

三、研究过程

在研究过程中，我们首先根据研究区组团式城市布局结构，对且住岗、永定、南庄坪、官黎坪、西溪坪、阳湖坪 6 个组团及组团内不同用地类型进行采样点配置，共选择了 39 个采样点。为避免误差，采样在连续多个晴天之后进行，采样方法是用毛笔在样点地表 10 平方米内采集灰尘 50 克左右，共采集 113 个样品。随后，我们对样品进行风干、研磨过筛，称取 0.2 克，加 4 毫升王水在硝酸管内浸泡过夜，置于硝化炉高温加热，经过两次冷却后定容、过滤，最后利用 ICP 仪器进行重金属含量测定。我们选取镉（Cd）、铬（Cr）、铜（Cu）、铅（Pb）、锌（Zn）这 5 种常见的重金属元素进行研究。

四、结果讨论

研究结果表明，永定城区地表灰尘重金属污染物含量均值空间分布表现为：永定组团为最高，依次为官黎坪、且住岗、阳湖坪、西溪坪、南庄坪；5 种重金属含量的最大值均来自永定组团；在 5 种重金属中，镉、铜、铅、锌的含量均值分别为 1.32，93.49，40.22，319.31，均高于湖南省土壤元素背景值，其中镉的含量超过土壤背景值的 10 倍。由 GIS 空间分析可知，整个城区地表灰尘重金属都呈现出一定的空间分布特征。其中镉和锌含量空间分布特征比较一致，最高值分布在永定组团的南部；铅和铬的含量空间分布特征大体一致，最高值分布在永定组团的北部；铜与上述 4 种重金属含量空间分布特征既有相似性，也有差异性，相似之处在于最高值也处于永定组团，不同的是铜的含量分布区域差异明显，高值突出。

相关分析表明，铜（Cu）与其他重金属元素均相关，此外，铅（Pb）还与锌（Zn）、铬（Cr）相关。这说明城区重金属来源的一致，铜的来源复杂且多样，铅、锌、铬具有综合污染特征。

重金属污染物健康风险包括致癌叠加风险和非致癌叠加风险，考虑皮肤接触、手口接触两种暴露途径，分别计算致癌与非致癌的风险值，并利用 GIS 成图。见图 10。

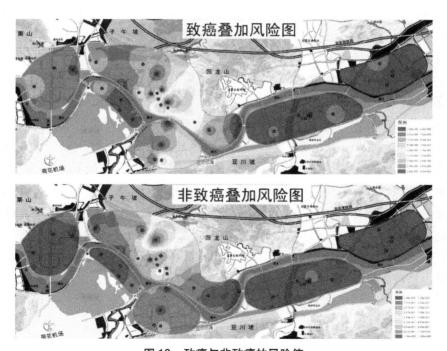

图 10　致癌与非致癌的风险值

研究区致癌叠加风险的空间分布特征与各重金属含量均值空间分布特

征总体一致,即永定组团最高、官黎坪次之,其他组团风险较小;非致癌叠加风险的空间分布与致癌叠加风险的空间分布存在一定差异,永定组团风险最高,其他组团风险分布较为均匀。

五、结论与展望

我们经过一系列的研究和分析,得出如下结论:研究区重金属镉(Cd)、铜(Cu)、铅(Pb)、锌(Zn)的含量均超过了湖南省土壤背景值,各组团中永定组团地表灰尘重金属含量最高。研究区的重金属污染健康风险总体水平较低,致癌风险值与非致癌风险值均处于安全阈值之下。但研究中只考虑了通过手口和皮肤接触的重金属摄入量,没考虑通过食物富集的摄入量,所以应加强重金属污染风险防范。

在调查中,我们发现,作为国际旅游城市的中心,城区的游客接待量、车流量逐年递增,且各类数据最高值均来源于人类活动非常频繁的永定组团,据此,我们推测:重金属元素健康风险值的空间分布特征与区域人类活动频繁度一致,重金属污染主要来源于交通尾气排放、工程建设、人们的生活垃圾等。

未来我们将对该课题做进一步深入研究。第一,考虑对更多的金属元素进行全面分析,此次研究考虑了锌(Zn)、镉(Cd)、铬(Cr)、铜(Cu)、铅(Pb)5种重金属元素,但大量研究表明,城市地表灰尘重金属中还包括汞(Hg)、镍(Ni)等元素成分,对人及环境威胁甚大。因此,扩大研究对象是今后研究的重点之一。第二,为了使研究结果更加全面,拟将研究区范围扩展至武陵源城区及各大景区,并对地表灰尘重金属含量的季节变化及其空间分布特征进行研究。第三,分季度、年度采集重金属污染数据,建立时空数据库并不断更新,对实时数据进行分析,定期完成的研究报告可以为相关管理部门提供决策依据。我们的展示到此结束。请评委老师批评指正!

银杏树轮宽度和重金属元素对临沂市环境变化的指示意义

王金玉 张明亮 李燕 史运坤 刘甜
指导老师：郭媛媛 赵兴云
（临沂大学）

主持人：随着树木年轮研究的逐步完善和成熟，树木年轮对于全球气候变化进行研究成为一种科学有效的方法，能够很好地记录和显示环境演化特征，帮助我们重建历史时期的环境变化过程。下面由临沂大学带来《银杏树轮宽度和重金属元素对临沂市环境变化的指示意义》。

临沂大学：大家好，我们是来自临沂大学的清国青城队。今天我们要展示的是《银杏树轮宽度和重金属元素对临沂市环境变化的指示意义》。

一、引言

大家都知道，目前全球变化已经成为人类研究的热点问题。研究全球变化的载体有很多，但是，我们选择了银杏树轮作为我们的研究载体。目前全球利用树轮对气温进行的研究主要分布在中低纬度和亚洲东部地区，我们国家利用树轮作为研究载体所进行的研究分布在暖温带地区比较少。所以我们选择了临沂市作为我们的研究区。

临沂市位于山东省的东南部，属暖温带大陆性季风气候，四季变化明显，适合树木生长。我们在城区和近郊分别选取了 5 棵树，在远郊选取了 21 棵树，并编制成样品采集信息表。我们使用的是郯城气象站 1962—2013 年的气象资料，经过滑动 T 检验与 Cramer's 法检验，发现在 $\alpha = 0.01$ 的显著水平上无明显突变，说明该站的气象资料符合本研究需要。这是我们的技术路线图，从图 11 中可以看出，我们在野外采样和室内处理的基础之上进行了两个方向的研究，最后对两者的结果进行讨论。

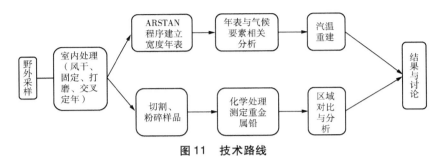

图 11　技术路线

二、研究过程

首先，我们利用树轮宽度对气温进行重建。我们选取了远郊的样芯，通过室内处理、交叉定年之后，利用 COFECHA 软件进行检验，又运用 ARSTAN 软件，依次生成了标准化年表、差值年表和自回归年表。通过对比三个年表的各项指标，发现标准化年表的各项指标都比较好，因此，我们选取标准化年表对气温进行重建。我们先对树轮宽度和标准化年表进行相关性分析，发现气温的相关性普遍高于降水，并且 2015 年 10 月的气温与标准化年表相关性最好，所以，我们选择对 2015 年 10 月的气温进行重建。我们针对标准化年表与 2015 年 10 月气温的关系构建方程，通过该方程，绘制出了临沂市 1851—2012 年的气温曲线。从临沂市 1851—2012 年气温曲线图（图 12）中可以看出，1851—1878 年，气温波动幅度相对较大；1879—1950 年，气温整体呈现下降的趋势；1950 年以后，气温呈现相对上升的趋势，特别是近几年来，气温波动幅度较大，上升趋势比较明显。

接下来是我们研究的第二大部分。我们在城区与近郊各采集 5 棵银杏树，在远郊采集了 4 棵银杏树。分别选取了年轮界限较为清晰、树轮宽度较为均匀的两棵银杏树，从树皮至树芯共选取了 45 年树轮，由于样品量的限制，我们采取每三年切割一段作为一个样品的方法，然后对同一地点的两棵银杏树的南北不同方向样芯的相同年份的树轮进行混合，再采用全消解法进行化学处理，最后使用原子吸收分光光度计测定铅元素含量。从

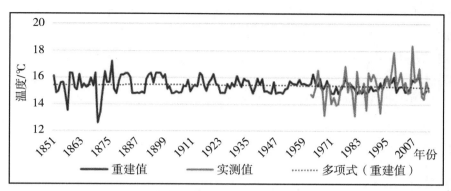

图12　临沂市1851—2012年气温曲线

城区、近郊、远郊中两棵不同银杏树树轮中铅元素含量的变化趋势可以发现，每个采样点的两棵银杏树树轮中铅元素含量变化趋势大致相同，表明我们的研究具有一定的可靠性。然后，我们又对3个采样点树轮中铅元素含量做平均值对比分析，发现城区树轮中铅元素含量最高，约为2000 μg/kg；近郊次之，约为1500 μg/kg；远郊最低，约为360 μg/kg。这也与我们当初的猜想：城区最高，近郊次之，远郊最低相一致。最后，我们又对城区中铅元素含量最高的原因做出了解释，并提出了一些合理的解决措施。

三、结论与展望

针对以上研究，我们得出两条结论。第一，通过对临沂银杏树轮宽度与2015年10月平均气温建立回归方程，重建了1851—2012年气温。结果表明，1851—1878年，气温波动幅度相对较大；1879—1950年，气温整体呈现下降的趋势；1950年以后，气温呈现上升趋势，特别是近几年来，气温波动幅度较大，上升趋势比较明显。第二，对城区、近郊、远郊3个地点树轮中含铅量的测定，我们发现城区的含铅量大于近郊，近郊大于远郊，说明城区的污染程度最大，其次为近郊，远郊的污染程度最小。通过分析原因后，我们发现除了受横向迁移影响外，还受到经济发展因素的影响。

但是，我们的研究也存在一些局限性。一方面，我们所选用的树轮指标比较单一，在以后的研究中我们应该追求多指标的树轮研究，以提供更全面更可靠的气候变化信息；另一方面，可以选用更多的样点，采集更多的样芯，对环境中多种重金属元素进行测定，结合土壤、水体中多种重金属元素含量的测定，分析其污染来源，为相关部门治理环境污染政策提供科学依据。

以上是我们向大家展示的所有内容，感谢您的聆听，谢谢！

树皮上的硅藻
——大气环境指示剂

秦　波　江伟霞　彭　佳　闫超阳　郑宇坤
指导老师：陈　旭
（中国地质大学）

主持人：硅藻是一种真核单细胞动物，种类多、数量大、分布广泛。作为自然界最重要的生产者之一，硅藻在全球硅元素地球化学循环、生态系统多样性和环境监测方面有重要的功能。然而，目前对于硅藻的研究主要集中在水体环境中，陆生环境中的硅藻又有谁知道呢？下面由中国地质大学为我们带来《树皮上的硅藻——大气环境指示剂》。

中国地质大学：大家好，我们是来自中国地质大学地理系的地大分队。接下来我们将带大家走进树皮硅藻的世界，去探索一种新的环境指示剂。

一、引言

什么是硅藻呢？硅藻是一种古老的真核藻类，个体微小，是自然界重要的初级生产者。全世界约有 16000 种形态各异的硅藻，艺术家们不仅赋予硅藻斑斓的色彩，还用它们拼凑出一幅幅独具创意的图画。然而，除此之外，小硅藻还有大用途。在结构上，硅藻具有上下两个易于保存的硅质壳体。通过对这种壳体的鉴定发现，硅藻的生长与环境息息相关。例如，不同种类的硅藻偏好不同的水体磷含量。因此，硅藻是海洋、湖泊、沼泽等多种水体环境的敏感指示体。然而，相比于被广泛研究的水体环境，人们对陆生硅藻的关注却明显较少。那么陆生环境的硅藻种类多吗？它们与大自然又有怎样神奇的联系和规律呢？于是，我们以最常见的树皮为对象，对陆生硅藻的组成与分布一探究竟。

二、研究区域与样本采集

本着就近取材的原则，我们的调查范围主要为武汉市三环内。采样主要分两部分：第一部分，我们利用2014年夏初的周末先后对三环内的30多个公园和大学校园进行采样，加上大九湖野外所采的样本，一共26份；第二部分，2015年年初至2016年8月每月在我校定点采集，共得样本20份。采集时我们选择3～4棵樟树，用镊子采取一定高度的树皮于样本袋中，并且用GPS仪记录当地的经纬度和海拔等参数，以便准确定位。

三、实验过程

采完的样本带回实验室，在4℃的冰箱中冷藏，直到样品的实验处理。之后为了看到其中的硅藻，我们先用蒸馏水清洗得挤出液，使附着在表面的硅藻和苔藓初步分离；然后一边加热，一边往挤出液中滴加HCl（盐酸）和过氧化氢，使得其中的杂质如碳酸盐和有机质等最大限度地去除，从而只剩下硅藻硅质壳体，以便于制片。

将上一步所得到的硅藻溶液滴加在盖玻片上，自然晾干后用树胶制片，得到的46张玻片。在生物显微镜下放大1000倍进行观察，我们所期待的硅藻就千呼万唤始出来啦。虽然仍存在一些未处理完全的杂质，但我们可以清楚地看到形态各异的硅藻以及它们的整个轮廓。对于部分外形较为相似而不易区分的小家伙们，我们还在扫描电镜下进一步分辨它们结构上的微小差别，以便更为准确地鉴定。

四、数据分析

参照欧洲硅藻分类系统，在硅藻的鉴定和数量统计时，我们根据样本属种保存情况，39个样本统计500粒以上，其余的样本统计也均达到了300粒以上。两次统计的硅藻总数分别都超过了10000粒。这就是我们鉴定过程中的计数方式。那么现在数据有了，我们就迫不及待地用最直观的作图来看看它的规律了。见图 13。

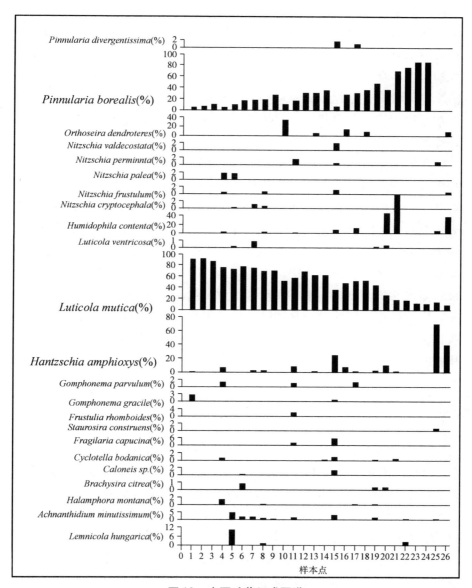

图 13 主要硅藻组成图谱

一般认为，硅藻很少出现在干旱的陆生环境。然而在树皮中，我们一共发现了 73 种硅藻，而且其中的一个样本，硅藻种数高达 22 种。这都说明了树皮上的硅藻具有较高的丰富度。从主要硅藻组成图谱中，可以看出其中优势属种为 *Luticola mutica* 和 *Pinnularia borealis*，分别占壳体总数的 58.3% 和 28.7%。而比较有趣的是这个 *Hantzschia amphoxis*，它长得像豌豆，在整个样本中只占 7.1%，但是其中绝大部分都出现在大九湖地区。众所周知，神农架大九湖的环境优于武汉。那里不仅降水充沛，空气状况也更好，从 SO_2、PM2.5 等多个单项污染指数和综合指数上都可以看出。如此看来，小"豌豆"*H. amphoxis* 更喜欢生活在环境较优的地方。

既然硅藻地理分布如此神奇，那月季样本又将告诉我们什么呢？将 2015 年全年与 2016 年前 8 个月样本按 1—20 编号，含量大于 2% 的种有 7 个，我们可以看到，其中优势种是 *P. borealis* 和 *L. mutica*，分别占壳体总数的 61% 和 28%。有趣的是，它们的含量均随时间变化明显，在 *P. borealis* 优势减小时，后者含量明显升高，反之亦然。那么这种现象说明了什么呢？我们从中国气象局找来了这段时间的各种大气参数，经过多次尝试和分析，最终发现降水量是两者含量变化最重要的影响因素。定量研究表明两者分别和降水量呈正相关和弱的负相关关系。于是我们大胆推测，*P. borealis* 很可能是大气降水量及其变化的一种新的代用指标。

五、结论

总的来说，我们共发现硅藻 73 种，其中武汉市主要以 *L. mutica* 和 *P. borealis* 为优势种，而大九湖样本的 *H. amphioxys* 含量则普遍较高；地大样点月季样本中，*P. borealis* 和 *L. mutica* 互为优势种，结合降水量分析，我们发现了一种降水量变化的潜在指标。在武汉市和神农架大九湖采集树皮样本，鉴定分析硅藻组成，结合多元统计分析方法，初步探讨其组成、地理分布以及随时间的变化规律，为深入了解陆生硅藻生物多样性及其环境指示意义奠定了基础。最后，非常感谢我校地理系各位老师的支持和《生态学杂志》的推广，让树生苔藓硅藻能受到更多人的关注。

我们的展示就到这里，谢谢大家，欢迎评委老师批评指正！

丹江口水库面源污染的调查分析
——以五龙池小流域为例

喻佳洛　付　雅　张嘉欣　胡明艳　王　聪
指导老师：于兴修　庞　静
（湖北大学）

主持人：丹江口水库是我国南水北调的源头，其环境健康和生态安全关系到南水北调沿线地区人民的用水安全。下面由湖北大学带来《丹江口水库面源污染的调查分析——以五龙池小流域为例》。

湖北大学：亲爱的老师、同学们，大家好！我们是来自湖北大学的团队。我们的研究主题是《丹江口水库面源污染的调查分析——以五龙池小流域为例》。

一、引言

"沧浪之水清兮，可以濯我缨；沧浪之水浊兮，可以濯我足。"

丹江口就是传说中的沧浪之地，碧波千顷、烟波浩渺、令人心旷神怡。然而承载古今众多赞美的丹江口是否尽如人意、完美无瑕呢？近年来对丹江口水质的调查研究表明，在诸多农业面源污染源中，氮含量超标是丹江口水库所面临的重要面源污染问题。

丹江口水库是南水北调中线工程的水源地，是全国重要的饮用水源保护区，对水质要求极高，其水质的好坏也是衡量工程成败的关键。本次调查的五龙池小流域位于丹江口库区周边的习家店镇，距南水北调核心水源区丹江口水库的直线距离仅为6千米。其水质现状在一定程度上可以反映出丹江口水库的水源质量，因此，我们对五龙池小流域的氮源污染进行了调查和分析。

二、前期准备

本次研究共分为三个阶段。首先搜集信息、整理资料、规划活动日程、设计调查问卷,为正式行动做好准备;在实地调查阶段,我们运用走访、问询、问卷、观察、采样等形式,系统研究五龙池小流域面源污染现状;在成果阶段我们详细整理汇总调查过程中记录的文字、数据、影像资料,得到结果并提出有针对性的建议。从前期计划,到亲临现场,再到实验室操作,直至报告的完成,我们步步深入、分层分块、逐层推进,根据当地实际情况及时调整调查方案,坚持做到有的放矢,从与之有切身利益的当地居民入手,以解决现实问题为原则,我们通力合作、共克难关,践行着大学生实践创新的精神。

三、数据分析

五龙池小流域是典型的山地小流域。我们利用 DEM(digital elevation model,数字高程模型)提取流域边界,结合野外勘测的方法,对当地土地利用类型进行遥感解译,其中耕地占流域总面积的 62%,比例最大,其次是林地与园地。可以看出,土地利用不尽合理。见图 14。

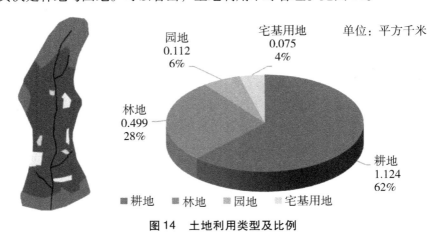

图 14 土地利用类型及比例

针对不同类型面源污染输出负荷,我们运用输出系数法,对农业、畜禽及居民地的氮素输出进行了估算。通过对调查结果的分析,我们得出五龙池小流域的氮污染主要来自土地利用面源污染、畜禽排泄物污染、居民生活污染。

土地利用面源污染的主要影响因素有土壤侵蚀、农药及化肥的使用等。从不同土地利用类型的 TN（总氮）输出负荷可以看出，耕地的输出负荷明显高于其他类型。结合当地实际分析也不难得出，五龙池小流域是典型的农业小流域，坡耕地比重大，加上耕地施肥中氮肥就占 70%，因此，我们初步得出流域面源污染与土地利用方式有着密切关系的结论。为了进一步探讨耕地氮素淋失过程，我们在径流小区采取耕作层土样，进行氮素淋失分析，最终发现作物种植当天 TN 浓度最高，之后随时间推移逐渐减少，并最终趋稳定。那么各种土地利用类型对 TN 输出负荷的具体影响是怎样的呢？对此，我们分析两者间的相关性，发现氮素输出与居民地、旱地呈正相关，与林地、水域等呈负相关，这便很好地验证了我们的猜想。

近年来流域内的畜禽养殖业也迅速发展起来，我们调查得知该地饲养的各种畜禽中牲畜的 TN 输出负荷最高。可以看出，畜禽排泄物，尤其是牲畜排泄物是流域面源污染物，输出增多的另一原因。

另外，我们通过取土样分析得到 TN 输出负荷与垃圾堆放点距离成负相关关系，即距垃圾堆放点越近，TN 浓度越高。由此可见，流域居民生活废弃物处理不当也增大了流域面源污染物的输出量。

土地利用面源污染、畜禽排泄物污染、居民生活污染构成了流域面源污染的主要来源，我们定量区别了这 3 种面源污染源所占比例，其中土地利用所产生的总氮输出量最大。最终这些污染物以地表径流为媒介流入丹江口水库，影响水源地的水质。为了进一步探讨污染物传输变化过程，我们在流域出口处采集水样，分析了降水对 TN 输出的作用，最后得出，在不同雨型下，TN 输出浓度存在差异。

四、应对措施

在实地考察过程中我们也了解到，在面源污染控制上，当地政府也采取了相应的措施，例如，在坡度较大的地区进行疏林补植，在居民地对污水和垃圾进行集中处理。总体上可概括为三道防线、五级防护。从前面的调查结果与分析可知，土地利用不合理是丹江口面源污染的重要原因。鉴于此,接下来我将详细为大家阐述一下如何改善土地利用方式,主要涉及两个方面:一是将坡耕地改建为梯田,实现等高耕作,减少水土流失;二是采取作物的轮作、套种等方法,利用不同净化能力的植物在空间上的镶嵌组合,促进整个农田生态系统对养分的吸收,从而减少面源污染物流失的可能性。当然除了农田套作之外,在农田区增加一些林地和草地,既可以减少面源污染,又可以丰富景观的多样性。相信只要在丹江口库区采取相应的措施,面源污染状况一定会得到相应的改善。

五、小结

丹江之水,流于我身;沧浪之情,萦于我心;细微之作,寄我所愿;浩渺之行,圆我所梦。从饮用水源、农业灌溉到水力发电,丹江口水库与我们生活息息相关。唯有保护水源,提高水质,才能青山依旧、绿水长流。发现美,保护美,拥有美,这就是我们身边的地理之美。

城市景观水体水环境质量评价与分析

马天舒　贾子元　张　灿　姜念念
指导老师：曹新光　黄勇奇
（黄冈师范学院）

主持人：城市景观水体是城市景观和城市人居环境重要的组成部分，其水环境质量直接关系到人居生活的质量和城市生态的安全。下面由黄冈师范学院带来《城市景观水体水环境质量评价与分析》。

黄冈师范学院：尊敬的各位评委老师、同学们，大家下午好！我们是黄冈师范学院的大别山水队。

一、引言

900多年前，苏东坡先生因乌台诗案被贬至黄州，给黄州一座小亭命名"遗爱"，于是亭边湖泊便有了现在这个美丽的名字：遗爱湖。今天，我们就以遗爱湖为对象，来展示我身边的地理学。我们将从背景和目的、数据采集与处理、结果与分析以及结论与讨论四个方面来展示。首先看一下背景和目的。遗爱湖是国家5A级景区、国家湿地公园，以城市景观水体的形式坐落于黄冈市黄州区。由于景观水体相对封闭，流动性差，再加上人类活动的影响，遗爱湖不可避免地出现了一些水质问题，我们的研究便由此而来。

二、数据的采集与处理

接下来，我们来讲一讲遗爱湖水质数据的采集与处理。黄冈的遗爱湖是由东湖、西湖、菱角湖3个湖区组成。我们根据各湖区面积大小设置了不同数量的采样点,西湖最大,我们设置了7个采样点;东湖次之,我们设置了3个采样点;菱角湖最小,我们设置了1个采样点。这11个采样点均匀地分布在各个湖区,这也证明了我们的数据具有一定的合理性。

再来看一看我们的监测点,我们的每一个监测点都是在水面30厘米以下取得,然后装入1升的聚乙烯桶中进行保存,最后带回实验室进行水质测定和数据处理。

三、结果与分析

结果与分析包括水质指标的空间特征分析、水体富营养化状态评价和水质评价三个部分。首先我们来看第一个部分,我们根据得到的数据绘制了10幅遗爱湖典型水质指标空间特征分布图,从中选取了5幅在这里进行具体介绍,见图15。

首先是阴离子表面活性剂分布图,我们可以清楚地看到,它的分布表现为湖心低、岸边高,这可能与遗爱湖主要受面源污染有关。接下来是透明度分布图,可以看到,西湖的透明度较高,菱角湖次之,东湖相对较差。我们对不同的水质指标进行了相关性分析,发现透明度与叶绿素呈显著负相关关系,我们来看一下叶绿素的分布图,与透明度正好呈现相反的状态,叶绿素含量从高到低依次为东湖、菱角湖和西湖。然后是溶解氧的分布图,表现为由湖心向岸边递减,说明湖心处溶解氧含量较高,水质也更好。最后是高锰酸盐指数分布图,在相关性分析中,我们发现高锰酸盐指数和叶绿素呈显著正相关,我们再回过头来看一下叶绿素的分布图,可以看到,这两幅图像基本上是一致的,都表现为东湖叶绿素含量高,西湖和菱角湖相对较低。

下面我们来看看水体富营养化状态评价。在此,我们采取营养状态指数法,主要选取 Chl-a、TN、TP、SD 和 CODMn 为评价指标。由此我们可以得出 EI>80 为重富营养,$60 < EI \leqslant 80$ 为中富营养,$50 < EI \leqslant 60$ 为轻富营养,$20 < EI \leqslant 50$ 为中营养,$0 < EI \leqslant 20$ 为贫营养。计算汇总后不难看出遗爱湖的富营养状态为:东湖>西湖>菱角湖。

接下来,我们看结果与分析的最后一个内容:水质评价。我们采取了单因子污染指数法和内梅罗指数法,选取 CODMn、NH3-N、TN、TP、

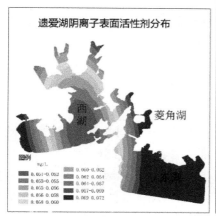
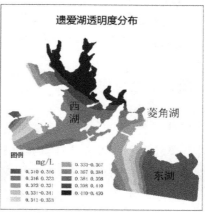
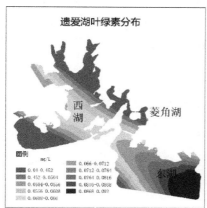
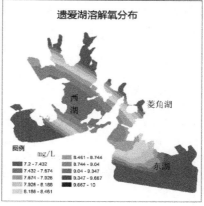
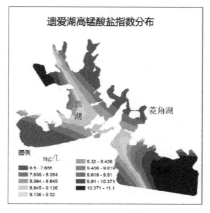

图 15　水质指标空间分布

F^-和阴离子表面活性剂6项基本指标作为评价因子。最后，我们得出如下结论：遗爱湖的内梅罗指数分别为西湖1.208、东湖0.809、菱角湖1.002，只有东湖符合四类水标准。总体而言，遗爱湖不符合四类水标准。

四、结论与建议

通过以上分析，我们主要得出三个结论：从空间分布特征上看，湖边水体污染较湖心严重；从富营养化程度上看，东湖富营养化程度最严重，西湖次之，菱角湖富营养化程度最轻；从水质评价结果上看，西湖和菱角湖水质较差，不符合四类水的标准，西湖水质相对较好，符合四类水的标准。由此我们也提出了一些建议，比如建立湖滨植物带，调整种养结构和耕作方式，设置缓冲区以及加强管理等措施，以期改善遗爱湖水质。

以上就是我们展示的全部内容，欢迎各位老师和同学们来遗爱湖参观游玩。

3S技术下的广东岩溶区雨水资源空间可利用评价

陈佳升　陈嘉璇　刘梦瑶　陈　颖　刘秋虹
指导老师：尹　辉　戴学军
（惠州学院）

主持人：水是维持生态系统正常运转不可或缺的基本要素，是生态系统、物质和能量交换的主要介质。岩溶地区的特殊自然环境，影响了水资源的分布方式，给当地社会带来了不利影响。对作为岩溶区的重要水资源的雨水的资源化研究具有重要意义。下面由惠州学院为大家带来《3S技术下的广东岩溶区雨水资源空间可利用评价》。

惠州学院：尊敬的评委老师们、同学们，大家下午好！接下来是我们的展示过程。

一、研究背景

说起喀斯特或者岩溶地貌，大家可能会想到桂林山水、云南石林或者九寨沟。它们都是中国重要的旅游资源。然而，我们只看到了岩溶地区美丽的外表，却忽视了它所导致的土壤贫瘠、水土流失等问题，这给当地的经济和农业造成了不利的影响。再者，在岩溶地区一般雨水较多，雨季时易发生洪涝灾害，而雨季过后当地居民又难以获取地下河的水资源。因此，针对这些问题，我们结合3S技术对其雨水资源化潜力进行分析和评价。

二、研究方法

本次大赛的主题是我身边的地理学，我们的研究区域是广东省喀斯特地貌发育较为典型的地区，主要集中在韶关市和清远市，所属的气候为亚热带季风气候，成土母岩为石灰岩、沙砾岩。本次课题所采用的方法是3S技术与数据建模。3S技术包括RS、GPS和GIS。RS主要用于研究区域遥感影像的处理、土地利用分类和植被提取。GPS主要用于采样布点和定位。GIS主要用于后期的综合分析及结果处理。数据建模，首先选择评价因子，确定评价指标，进而建立空间数据库，最后建立评价模型。

为了利用这个模型，去评价区域雨水资源化潜力的分布状况，我们需要选取反映区域宏观特征的评价因子，它们应满足评价的要求，而且易于获取，最重要的是适于3S技术的处理。因此，经过反复比较和筛选，我们确定了雨水资源化潜力评价的各项因子。

土壤主要通过影响降雨入渗来间接影响雨水资源开发利用。岩溶区自然土壤团粒结构受到土地利用方式等的影响，使得土壤入渗程度具有明显的地域差异。同时考虑到评价因子的区域覆盖和3S技术下的可实现性，因此，我们选用不同土地利用方式下大于等于0.25毫米稳性团粒含量作为土壤因子的评价指标。

三、研究路线和过程

首先，我们需要进行土壤样品采集。根据研究区域土地利用方式的构成，用GIS按比例进行空间布点后，前往研究区域采集土壤样品。2016年3—8月，我们去到研究区域进行土壤采样。尽管采样的过程十分坎坷，但我们还是克服了各种困难，顺利地将土壤样品采集回来。接下来是粒度分析。通过样品烘干、粒度分析实验、数据统计后，得到采样点大于等于0.25毫米稳性团粒含量。另外，我们需要对研究区域土地利用方式进行分类，利用RS和GIS技术，通过遥感影像预处理、影像分类、分类后处理等步骤，把研究区域土地利用分为五类。最后，我们参考研究区域的土壤类型，在GIS中对粒度分析实验得到的大于等于0.25毫米水稳性团粒含量进行属性赋值。土壤因子空间量化完成。

石灰岩是典型的岩溶区岩性特征，其较强的透水性对雨水入渗产生影响。考虑到前人对此研究较少，而岩溶区水文地质条件较为复杂，我们引入透水性作为评价指标，运用GIS对矢量化后的研究区域水文地质图进行量化赋值，得到了量化岩性因子图层。

气候要素中的降水是影响雨水资源化潜力的最基本因素，是雨水开发利用的必要条件。降雨量、降雨强度等降水特性对雨水资源化潜力起重要作用。我们选用能反映研究区域降水宏观特征的年均降水量作为气候因子，在 GIS 中对来自各气象站数据进行输入转换，利用 3D 分析工具生成年均降水量分布图，实现了研究区域气候因子的空间量化。

区域地形特征对雨水资源化潜力有很大的影响，选择沟壑密度作为反映一定区域范围内宏观地形状况的综合度量指标，在 3S 技术下更容易实现。通过对数字高程模型进行水文分析和沟壑密度计算，得到量化的地形因子图层。

植被对区域雨水资源化潜力具有积极的作用，良好的植被覆盖度可以显著涵养水源。因此，我们选择植被覆盖度作为植被因子指标，结合 RS 和 GIS 技术，用增强型植被指数进行植被覆盖度计算，得到空间量化后的植被因子。

最后，将以上空间量化后的 5 个因子代入雨水资源化潜力计算公式，在 GIS 的支持下，通过栅格计算得到广东岩溶区雨水资源化潜力的空间分布图。

四、结果分析和讨论

最终我们发现，研究区域雨水资源化潜力空间上分布是较不平衡的，它在东北部、中西部、南部潜力大些，而在西北部和东南部较小。此外，从雨水资源化县域分布上，我们可以发现，南部的清城区、清新区，东北部的浈江区、武江区等县区潜力较大。

为了检验研究结果，我们选用根据研究区域改进后的 SCS–CN 模型进行检验。首先结合研究区域土壤属性，确定其在模型中对应的土壤代号，接着结合研究区域土地利用方式，通过查表确定不同水文条件下模型中的 CN 值，然后在 GIS 中实现模型计算，得到检验结果。最后，为了比较 SCS–CN 模型计算结果和雨水资源化评价计算结果的空间差异，我们在 GIS 进行两者的叠加分析，统计发现，两者存在较为一致的相关性。见图 16。

那么，既然广东岩溶区雨水资源化潜力存在较大的空间不平衡状况，为了更好地利用水资源，我们可以采取哪些可行性措施呢？以清城区为例

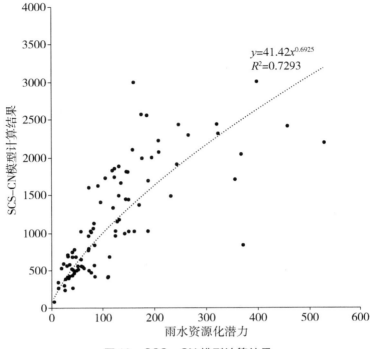

图 16　SCS–CN 模型计算结果

分析，在雨水资源化潜力较大的地区，鼓励农民种植经济林，构成经济与生态相结合的发展模式；同时，封山育林，开发新能源，减少对木材的使用，增大植被覆盖度，以减缓石漠化的程度。以连山县为例分析，在雨水资源化潜力较小的地区，增大地面雨水的收集，或者通过运用植物秸秆覆盖的方式增加土壤入渗集水，同时，利用岩溶区特殊的含水层来扩大其空间蓄水的功能，使水资源得到充分利用。

近年来，岩溶区的农业生态不容乐观，雨水资源化的研究迫在眉睫，希望有更多的学者投入到岩溶区的科研当中来，共同呵护我们的美丽家园。敬请评委老师批评指正！

吾知君将至
——基于生态位模型的非洲大蜗牛中国适生区预测

李培林　钟蕊　姜俊浩　黄婉仪　王艳婵
指导老师：赵耀龙　王敏
（华南师范大学）

主持人：非洲大蜗牛原产东非，20世纪30年代经厦门传入我国。非洲大蜗牛繁殖速度快，传播途径广。它在破坏农作物的同时，还会传播各种疾病，危害极大。虽然我国对于入侵物种的控制非常重视，但是对于非洲大蜗牛的适生区研究还是一片空白。我们还不知道它们将会入侵到什么地方，危害到什么地方。下面由华南师范大学带来《吾知君将至——基于生态位模型的非洲大蜗牛中国适生区预测》。

华南师范大学：各位评委老师、各位同学，大家好！我们是入侵小分队，我们本次展示的题目为《吾知君将至——基于生态位模型的非洲大蜗牛中国适生区预测》。

一、引言

非洲大蜗牛的祖先从东非来到厦门，才用了80年，就攻克了中国许多地方。这种蜗牛属于全球100种外来入侵物种，所携带的管圆线虫能引起嗜酸性脑膜炎等疾病。迄今为止，北京、浙江、福建、广东和云南都已经爆发过大规模疫情。常见的蜗牛有如此严重的危害，如同身边的一个隐形炸弹。它还有一个别称叫"农业杀手"，前些年云南富宁，全县3.1万亩农作物不同程度遭到这种蜗牛的危害。在预防方法上，一般来说防止外来生物造成危害的一个重要手段，是阻止可能造成入侵的物种进入适合其生存的地区。我们尝试看看能不能利用我们所学的知识预测非洲大蜗牛的潜在地理分布，做好预防，避免更多不必要的损失。

我们拟定了技术路线，先进行调研，包括论文研读和野外调研。然后，根据确定使用的预测方法，收集所需数据。对数据进行分析得到我们的预测结果，再对结果进行验证，最后做结果分析并得出结论。

二、入侵风险预测

在调研过程中，我们从校园中捕获了几只非洲大蜗牛并记录了它们的作息状况。然后到广州各地寻找非洲大蜗牛的踪迹并对发现地的环境做了记录。此外，还通过访谈向周围居民了解了这一物种在当地的情况。其中，我们意外发现这种蜗牛还有药用价值，能提取出抗癌成分。做好上面的准备工作之后，我们通过查找文献和咨询老师，确定利用生态位法和选取 MAXENT 模型进行预测。

首先，我们收集了非洲大蜗牛的现有分布点数据和这些地区的环境变量；其次，我们利用 ArcGIS 对环境变量进行预处理后，对其进行裁剪，分别得到海拔、温度、降雨量等数据。然后，利用模型对我们的环境变量进行筛选，最终筛选出了 21 个贡献率最高的环境变量，并结合前面所做的野外调查验证其正确性。我们将筛选出来的 21 个环境变量代入模型运行得出预测结果，再通过非洲大蜗牛的现有分布点图得到 ROC 曲线来验证我们预测结果的准确性。最后，按照入侵风险等级的分级标准，我们将预测结果分成五个等级。见图 17。

三、入侵机制分析

基于我们的结果，我们确定了风险区域，为达到人与自然和谐共生的最终目的，我们使用 ANT 行动者网络，对在哪些环节对非洲大蜗牛进行何种干预做了梳理。在非洲大蜗牛生态位模型的行动者网络中，包括非洲大蜗牛、人、研究、气候、物流、检疫部门等要素。这些要素之间是存在许多关联并互相影响的。

随着全球范围内的人口流动，非洲大蜗牛也实现了地理空间迁移，而我国丰富的自然资源为它生存繁衍提供了可能。在这个过程中，气候承担

第五章　环境问题主题

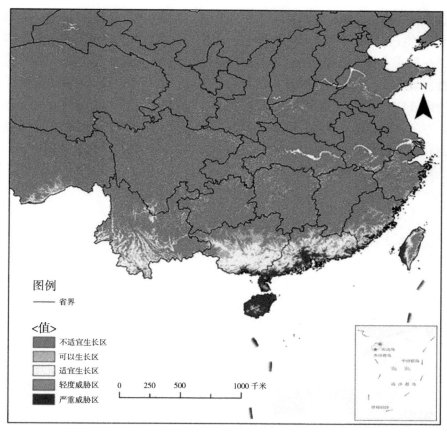

图 17　模型预测结果

了重要角色。在我国，人为传播是这一物种的主要扩散方式，在当代社会，交通、物流、贸易为其提供了多种多样的传播途径。在扩散过程中，非洲大蜗牛的影响有两面性。既有危害，又可利用。在这样的背景下，人要在哪些有效环节进行干预显得尤为重要。在人为干预这一环节，人们除了可以组织人力捕杀、撒生石灰和利用冬季减少越冬的虫源基数等方法外，最为重要的是结合各地情况有重点地应对。

四、结论与建议

通过研究，我们得出了适生区的分布规律和不同等级的风险区域，同时纳入气候因素，梳理出重点防控时间段，为不同地区的风险管理提供建议。在管理中，检疫部门承担了重要角色。在我们整理出的要将这一物种纳入检疫范围的各级地区中，广东、福建有许多城市会受到严重威胁，广西珠江流域和云南部分地区也有轻度威胁，此外还有浙江、西藏等地区也将会被波及。在重点防控期内更要做好工作，以广东为例，4—11月是它的生长期，5—9月是重点防控期。在这个机制中，非洲大蜗牛和人是最核心的两个要素。非洲大蜗牛与自然是互动的，而人与动物有着千丝万缕的联系，在自然与社会的建构中，要在有效的环节进行干预，才能更好地做到人与自然的和谐共生。

第六章 气候与灾害主题

　　气候变化所带来的风险无疑是当今社会最具代表性的风险之一。气候的变化、极端天气事件的发生,频繁的灾害一次又一次冲击着生态系统的防线,严重影响自然生态系统的安全以及人们的生产生活秩序。本主题中,报告者展示了干旱时空特征的分析,干旱监测模型的构建和监测应用;城市内涝灾害原因剖析和风险评估,及应对的海绵城市设计的尝试;以湖泊面波动过程反映气候变化的特点和规律,从而更好地应对更热、更旱、更涝的未来发展趋势。

第六章 气候与灾害主题

基于 SPI 的黄淮海平原地区 1961—2013 年干旱时空特征分析

任鑫帅　张雨晴　邢文雪　李　云
指导老师：郭　斌　张红日
（山东科技大学）

主持人：近年来我国干旱灾害事件层出不穷，一次又一次地冲击着生态系统的防线。如今干旱已经严重影响了自然生态系统的安全以及人们的生产生活秩序。下面由山东科技大学带来《基于 SPI 的黄淮海平原 1961—2013 年干旱时空特征分析》。

山东科技大学：各位评委老师、同学们，大家好！我们的研究内容是《基于 SPI 的黄淮海平原地区 1961—2013 年干旱时空特征分析》。接下来我们将从研究背景、研究区域和方法、研究成果和研究结论四个方面简单介绍。

一、研究背景

在世界范围内，各类自然灾害造成的总损失中，气象灾害引起的损失约占 85%，而干旱占气象灾害损失的 50% 左右。我国是干旱灾害最严重的国家之一。最近十几年里，干旱发生如此频繁，可以说是十年九旱，造成的损失也是难以估量的。

二、研究区域和方法

再看研究区域，我国大部分地区是常年干旱区、干旱多发区和干旱易发区。黄淮海平原是我国的政治、经济、文化中心，然而它也是我国的干旱多发区，因此我们就这个地区选取了 51 个气象站点的数据进行分析。

研究方法采用标准化降水指数 SPI（采用 Γ 分布概率来描述降水量的变化），辅助以干旱频率、干旱站次比、干旱强度。其中，干旱频率评价干旱发生的频繁程度，干旱站次比评价干旱影响范围，干旱强度评价干旱发生的严重程度。基于以上研究方法，利用 ArcGIS 10.1 和 SigmaPlot 软件对数据进行处理和分析，主要得出以下两个研究成果：黄淮海平原地区的年度干旱特征与季节性干旱特征。通过干旱频率分布图来介绍干旱的空间分布，以及干旱强度和站次比折线图来介绍两者随时间变化的趋势。

三、研究成果

首先是年度干旱特征，研究区内大部分地区轻旱与中旱发生频率相对较低，只有个别区域频率相对较高；对于重旱，河南省、安徽省及山东省中部地区发生频率相对较高；而特旱发生频率在空间上显示出自西向东依次降低的趋势，河北省南部、河南省北部特旱频率较高。从以上分析可以看出，大部分地区轻旱与中旱发生频率相对较低，而重旱与特旱频率在许多地区都达到了较高的水平。再看随时间的变化。由折线图（图18）可知，近53年黄淮海平原干旱站次比有轻微上升的趋势，即干旱范围有所增加，特别是2008年以后上升趋势明显。从干旱强度来看，研究区大多数年份属于轻度与中度干旱，总体干旱强度变化不明显。

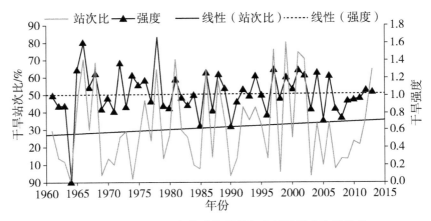

图18 1961—2013年黄淮海平原年度干旱强度和站次比

接下来是季节性干旱特征。首先是春旱，研究区春季轻旱发生频率大致以山东省兖州市附近区域为中心，向两侧递减；中旱在河北省中部区域发生频率相对较高，其余地区中旱发生频率较低；重旱发生频率大致以自西向东升高的趋势分布；河南省特旱频率相对较高。而且总的来说，春季各级干旱在研究区大部分区域发生频率均达到较高的水平，即黄淮海平原地区春旱问题比较严重，我们应做好相应的防旱准备。

从春季站次比来看，春旱有下降的趋势，即干旱范围降低，而干旱强度比较稳定，没有明显变化。相对于春旱，研究区大部分地区夏旱各级干旱频率相对较低，夏旱问题并不十分突出；干旱站次比趋势与干旱强度发展趋势呈相反走向，干旱站次比在上升的同时，干旱强度在下降，即夏季干旱覆盖的范围在增大，而干旱严重程度在减小。通过对秋季干旱的研究，我们可以看出，河南省和河北省两地各级干旱频率特征较为突出。在河南、河北两省，秋季轻旱和中旱频率与其他地区相比具有相反的分布特征，轻旱频率较高而中旱频率较低；中旱频率在河北省南部和河南省大部分地区相对较低，研究区大部分地区特旱频率相对较低。从干旱站次比和干旱强度看，两者在近53年中波动情况十分相似，都有上升的趋势，即在干旱范围扩大的同时，干旱强度也在增强。冬季除特旱频率外，研究区大部分地区各级干旱频率均相对较高，特旱频率大致以自西向东的趋势升高；就干旱站次比和干旱强度来看，两者均有下降的趋势，也就是说，研究区冬季干旱覆盖范围在缩小的同时，干旱强度也在降低。

四、研究结论

基于以上研究成果我们可以得出以下两个结论：

（1）从年度干旱发生频率、覆盖范围和强度来看，山东省东北部区域干旱发生频率较高，近53年干旱覆盖范围有稍微上升的趋势，而干旱强度总体变化不明显。

（2）从季节上看，秋冬两季干旱站次比和干旱强度有上升的趋势，即在干旱覆盖范围上升的同时干旱强度也在增强；春季干旱覆盖范围下降，干旱强度总体不变；夏季干旱覆盖范围有上升的趋势，而干旱强度有下降的趋势。

基于多源数据的淮河流域干旱监测模型构建及应用

温庆志　刘嘉敏　王一凡　蔡燕燕
指导老师：孙　鹏　方凤满
（安徽师范大学）

主持人：随着全球气候变化影响加大，频繁的灾害严重影响国民经济发展、人民生命财产和国家粮食安全。淮河流域是我国七大江河流域之一，处于南北气候、高低纬度和海陆相接3种地带的重叠地区，是我国气候变化的敏感地区，也是我国干旱灾害十分严重的地区之一，其干旱灾害的监测具有重要意义。下面由安徽师范大学带来报告：《基于多源数据的淮河流域干旱监测模型构建及应用》。

安徽师范大学：展示从研究背景、研究路线、趋势变化以及研究结论四个方面进行。

一、研究背景

随着全球气候变化和人类活动影响加剧，干旱已成为全球学者研究的一个热点和难点问题。研究干旱时空演化规律不仅对认识干旱发生机理有重要科学意义，而且有助于人类预测、预报干旱灾害。

淮河流域作为我国七大江河流域之一，地处南北气候过渡地带，是我国气候变化"敏感区"。同时，淮河流域是我国重要的粮食生产基地，但其人均水资源占有量不足全国平均的1/4，是水资源严重不足的地区。近年来，在气候变化与水资源短缺的双重挑战下，淮河流域旱情十分严重，水资源供需十分紧张。基于此，研究聚焦淮河流域，建立多源综合遥感干旱监测模型，其创新点在于：

（1）淮河流域干旱时空特征研究多以站点资料为主，面状干旱研究较少，鉴于遥感具有其他技术不可替代的优势，此次我们通过遥感监测来弥补这一不足。

（2）淮河流域干旱时空特征研究多以单源数据为主，我们综合了2013年的多源数据，包括站点数据、统计资料以及遥感数据，丰富了对淮河流域干旱时空演变的研究。

（3）干旱成因复杂，单一的干旱指数很难综合衡量干旱这一自然过程，我们综合了大气—植物—土壤相互作用所涉及的多元成因，构建了一个适用于淮河流域的多源数据综合遥感干旱模型。

二、研究路线

本研究选取2003—2013年MODIS遥感数据计算的4个干旱指数作为自变量，见图19。以降水、蒸发等气象因子建立的标准化降水蒸散指数作为因变量，建立月尺度的综合遥感干旱检测模型。建模过程同时考虑相关性、复杂性、均方误差性等方面。利用土壤墒情资料与典型干旱年份对模型进行验证。同时，根据综合遥感干旱模型分析淮河流域干旱时空特征及趋势变化，最终为淮河流域防旱抗旱提供科学依据。

土壤湿度是农业干旱的决定性因素，研究选取了淮河流域上、中、下游4个气象站点的10厘米和20厘米的土壤墒情对综合遥感干旱指数进行验证，均通过90%的显著性检验。

研究选取淮河流域典型干旱年份2010年进行验证。据记录，河南省9—12月持续干旱少雨；安徽省淮北地区7—8月平均降雨量较常年同期减少八成；淮河流域山东、江苏部分也发生过干旱，这些都与综合干旱模型监测出来的结果相吻合。因此，综合遥感干旱模型适用于对淮河流域的农业干旱监测。

三、趋势变化

接下来利用建立的模型对淮河流域干旱时空变化特征和趋势变化进行分析。研究参照SPEI的旱涝划分标准，将综合遥感干旱指数划分为5个等级。从干旱面积时间序列可知，大范围干旱主要发生在4—10月，其中

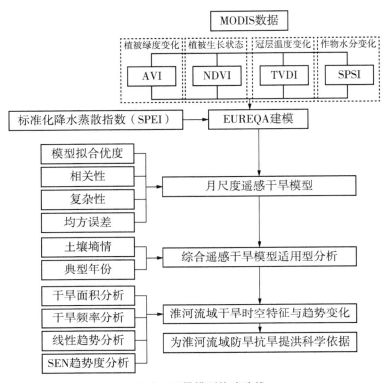

图19 干旱模型构建路线

4月、5月、7月、8月受旱面积最大。受旱面积较大的年份为2003年、2005年、2010年,这几年的统计资料显示淮河流域曾发生过大旱,进一步验证了综合遥感干旱模型适用于淮河流域的干旱监测。

研究统计,淮河流域平均受旱面积占淮河流域总面积的比例为17%,分省来看,淮河流域河南部分受旱面积最大,安徽部分次之,分别占整个淮河流域受旱面积的比例为38%、22%。从月干旱频率分析,受旱频率相对较高的月份为4—5月和7—9月,这与大范围干旱发生的月份相似。轻旱发生频率高值大多分布在淮河流域西部和中部。中旱大多分布在淮河流域中部和东部。重旱的发生频率高值分布范围大体上随月份由中西部向中东部变化。从多年平均干旱频率分析,轻旱发生的频率明显高于中旱和重旱,最高值为0.59,主要集中在河南、安徽,中旱最高值为0.48,发生的区域主要在江苏和河南,重旱发生的频率最低。分省来看,淮河流域河南部分干旱发生最频繁,其后分别为江苏、安徽、山东。

我们选取了线性变化趋势分析法和 Sen 趋势度分析法对淮河流域干旱时空特征及趋势变化进行分析。通过线性分析可知，淮河流域 1—12 月的综合干旱指数变化趋势有较大的差异，2 月、3 月、5 月、10 月、11 月、12 月线性回归系数多为正值，即干旱有减弱的趋势，其中正值区域占淮河流域总面积的比例均超过 76%，最高达 95.05%。其余月份线性回归系数多为负值，即干旱有增强的趋势，其中 6 月、7 月、8 月、9 月负值区域占淮河流域总面积的比例均超过 60%，9 月所占比例超过 93%，即汛期干旱呈增强的趋势，同时 4 月所占比例也较高。通过线性变化趋势图，我们可以看到，1 月、9 月负值区域集中在淮河流域北部和中部，4 月、10 月分布在淮河流域大部分地区，其余月份则集中分布在淮河流域北部和南部，中部有少量分布。

由于两种分析方法显示的干旱增强减弱的趋势变化不显著，因此仅从干旱趋势的空间分布上来看，二者的吻合程度高。

四、研究结论

据此，我们得到以下结论：

基于多因子构建的综合干旱监测模型通过了适用性评价，可综合反映出农业和气象干旱的复合信息。2003—2013 年淮河流域干旱频率高及受旱面积大的月份主要集中在 4—5 月和 7—9 月。同时，1 月、4 月和 6 月干旱有增强趋势，且统计性显著。综合淮河流域干旱时空特征和趋势变化分析可得，应加强 4—5 月小麦生长关键期以及淮河流域汛期的干旱监测及预警。

广州城市内涝与下垫面的地理探究
——以天河区为例

范丽蓉 梁学敏 余朋聪 唐嘉宏

指导老师：谢丽纯 许 航

（广东财经大学）

主持人：近年来，我国300多个城市发生了不同程度的内涝灾害，城市内涝已经成为一大危害。大都市广州经常受内涝灾害的影响，道路街区大范围积水，城市交通无法正常运行，人民群众出行受阻，商铺工厂歇业停工，蒙受了惨重的生命和财产损失。下面是广东财经大学为我们带来的作品《广州城市内涝与下垫面的地理探究——以天河区为例》。

广东财经大学：各位评委老师、同学们，大家上午好！我们是来自广东财经大学的团队。今天我们要展示的课题是《广州城市内涝与下垫面的地理探究——以天河区为例》。

一、研究背景

当前，内涝已成为继环境污染等城市问题后的又一大城市病，2010年广州市内涝点数量是20世纪80年代的45倍，广州市内涝情况日益严重。频繁的内涝灾害造成了高额的社会经济损失。为防治内涝，国家相继出台了《关于推进海绵城市建设的指导意见》等相关文件。

在学术界，内涝问题也引起了众多学者的关注。内涝成因包括自然因素和人文因素，人文因素如排水系统、城市规划等，自然因素则包括气象与下垫面等因素。由于广州市地下排水系统改造工程较大且数据获取困难等原因，本次研究我们重点关注自然因素对内涝的影响。

二、研究区域与方法

本次研究以天河区为例。天河区是广州新城市中心，人口流动大，内涝黑点数量最多，下垫面类型变化显著。通过处理 NASA 遥感图像并加载内涝点数据，可得到的 1996 年、2006 年及 2016 年天河区土地利用类型分类及内涝点图。加载对应年份的内涝点后可以看出，天河区内涝点的扩散方向与下垫面的变化情况具有趋同性。

通过对比多种内涝的研究方法（表1），本次研究采用 SCS 模型，它是美国农业部研发的研究区域降雨与径流关系的计算方法，能客观反映下垫面多种性质对降雨径流的影响，在内涝研究中的应用较为广泛。由计算公式中可知，地表径流量 Q 是由降雨量 P 以及模型引入变量 CN 来确定。因此，在模型的实际应用过程中，我们从多方面获取区域实际数据，结合 CN 值查值表确定模型参数数据。在模型参数中，降水量 P 采用天河区 2016 年 5 月 10 日日降水量数据，土壤类型设为 D 类；土壤湿润程度根据内涝发生前 5 天的区域降水数据分为 AMC Ⅰ 或 AMC Ⅱ；土地利用类型则采用 NASA 遥感图像的目视解译结果。

表 1 研究方法对比

方　法	推理公式法	SCS 模型	HSPF 模型
目的	推求设计洪水最大流量	描述不同土地利用方式、土壤类型、前期土壤含水量及降水条件下，形成的地表径流过程	模拟流域内连续的水文过程以及水质变化过程
适用区域	小流域	小流域为主；中、大尺度亦可	农业和城市混合型的不同时空尺度流域
模块或形式	降雨径流规律与水科院推理公式法汇流计算方法相结合进行洪峰流量计算	无（计算较简便）	透水地段水文水质、不透水地段水文水质、地表水体模拟模块

续上表

方法	推理公式法	SCS 模型	HSPF 模型
数据	流域面积、暴雨强度、损失强度、汇流系数	降水量、土壤类型、土地利用方式、前期土壤含水量	地形地貌、土地利用方式、土壤植被类型、河流水文数据
主要公式	$Qm = 0.278(a-\mu)A$（Qm 为洪峰流量，a 为暴雨强度，μ 为损失强度，A 为流域面积）	$F/S = Q/(P-Ia)$	不同模块应用不同公式

确定参数数据后，我们将降雨数据进行反距离插值计算，确定各区域降水量及 CN 值后，通过 SCS 模型计算可得到《天河区不同下垫面类型形成的地表径流量分布图》。在该图层上加载内涝点数据后可看出，在广州一次大暴雨过程中，内涝点多分布于地表径流量大于 23 毫米的区域，这表明地表径流量越大的地方发生内涝的可能性就越大。

同时，通过对 DEM 数据的处理，得到《天河区等高线与内涝点分布图》，可以看出天河区北部火炉山海拔较高，南部海拔较低，内涝点主要分布在 40 米以下的低海拔地区。地势低的地方易形成集水区域，较易发生内涝。

三、研究结果分析

通过分析内涝点的坡度数据，可获得《天河区坡度与内涝点分布图》，分析发现：天河区坡度介于 0～31.4 度之间，而内涝点坡度较低，基本小于 4 度。坡度低的地方排水不畅，易形成积水，增加了内涝发生的可能性。

在 2016 年天河区遥感影像上，对住宅区、开发区等区域进行不透水面的面积估算后，得到《天河区不透水面占用比例与内涝点分布图》。对内涝点建立 200 米缓冲区进行不透水面占用比例计算，结果显示内涝点主要分布在不透水面积占比大的地方，其比例高达 80% 以上。降雨时雨水难以透过地表下渗到土壤层中，留在地表上的积水容易导致内涝的发生。

综合上述分析，我们可以知道，地表产流、海拔、坡度三个自然因素共同作用于内涝的发生。例如天河区东南部的东圃二马路。东圃二马路在降雨时形成的地表径流量较小，但该区域的地形条件对内涝的作用较大。东圃二马路海拔较低，约为 4 米，但其南部有一座小山，海拔高至 45 米。此外，东圃二马路的坡度较低，地势较为平缓，较易形成径流的汇聚，为内涝的发生提供孕灾环境。

除此之外，我们还实地考察了广州市水务局发布的天河区十个内涝黑点，考察发现内涝黑点普遍地势较低，具有下垫面硬质化程度高、河涌利用率低、绿化建设不合理等特点。而且内涝黑点周边的人造地面多为隧道、立交、火车过道等下凹式人为建筑，这种下垫面构造更是满足了内涝发生的条件。

四、结论与讨论

综合上述分析，模型计算结果和不透水面积比例决定了地表产流，而坡度、海拔决定了地表的汇流，四者以不同的作用机制共同影响城市内涝的发生。因此，城市内涝的治理应综合考虑、因地制宜，通过优化不透水面密度的空间分布等下垫面性质，减轻暴雨内涝灾害。而在新区的规划建设中应充分考虑地形条件、海拔等自然因素，在地势低洼的地方适当加大排涝系统的设计标准。本研究是主要侧重内涝产生的自然因素分析，但内涝实际上是自然因素与人文因素共同作用下的结果。因此在后续研究中，我们将综合广州市城市交通路网以及排水管网建设等多方面人文因素，对广州内涝进行更深入的研究，为城市内涝防治和城市新区规划提供理论支持，实现本研究的实践价值。

天津市中心城区暴雨内涝风险评估

张笑溯　汪欣欣　况人瑞　王甜莉
指导老师：胡蓓蓓　周　俊
（天津师范大学）

主持人：城市内涝灾害风险是当今国际社会普遍关注的热点之一，也是本届大赛尤为关注的重点话题之一。下面由天津师范大学带来北方城市天津的城市洪涝灾害研究：《天津市中心城区暴雨内涝风险评估》。

天津师范大学：大家好！我们是来自天津师范大学的津雨同舟队。今天我们带来的课题是《天津市中心城区暴雨内涝风险评估》。

一、研究背景

先来看一则新闻报道。2016年7月19日，一场强暴雨使天津市多个地区被洪水围困，城市秩序遭到严重影响：全市受灾人口共14万多人，农作物受灾面积2万多公顷，造成的直接经济损失达2亿多元。

自然灾害风险已经成为当今社会关注的热点问题。对于城市而言，暴雨内涝灾害是主要的气象灾害之一。随着天津城市化进程加快，暴雨内涝灾害加剧，造成的损失也随之倍增。作为地理人，我们希望能够利用自身所学更好地分析发生在我们身边的问题，而灾害风险研究是开展综合减灾和制定应急管理对策的基础和依据。因此，本课题针对天津中心城区进行暴雨内涝风险评估。

接下来我们将从研究背景、研究方法、结果分析、结论与展望这四个方面来阐述本课题。

本课题首先收集、分析了天津市中心城区基础资料，确定了暴雨内涝风险评估的模型与方法后，展开了天津市中心城区暴雨内涝风险评估。根据基础资料可知，天津市地处华北平原东北部，地势北高南低，属暖温带半湿润季风气候，降水主要集中在 7 月、8 月、9 月，空间分布不均。本课题所研究的中心城区是天津的行政文化中心和商贸服务中心，人口约 420 万，占地 371 平方千米。虽然土地面积仅占全市 3% 左右，但生产总值却占全市的近 1/3。城区 7—8 月易发暴雨，由于排水能力不足易形成区内积水，造成严重的人财损失。

二、研究方法

根据对基础数据的分析，我们讨论并确定了以下研究方法：

为了得到研究区域降雨量的空间分布特征，根据水文观测站的分布特点，通过对几种空间内插法的适用条件和精确度验证，最终选用析取克里金法进行空间插值。为了将降雨量转化为地表径流量，考虑到降雨到达地面后会由于土壤下渗等因素造成雨量损失，根据《室外排水设计规范》，结合研究区建筑较密集这一情况，选用径流系数法。我们利用得到的径流深度数据和中心城区的 DEM 数据，调用团队自主开发的无源淹没插件进行无源淹没计算，筛选出给定水位高于 DEM 的网格，得出研究区的暴雨淹没情况。

三、结果分析

确定以上研究方法后，运用 Excel、ArcGIS 进行数据分析，对暴雨内涝情况展开如下讨论：我们选取了天津市中心城区及周边共 10 个水文观测站点作为研究站点。根据《水利动能设计手册治涝分册》，在我国华北平原面积为 100～500 平方千米的排水区，洪峰流量主要由一日暴雨形成，同时考虑到 3 天内发生两次暴雨的概率仅为 4%，一次暴雨所形成的积水也通常在 1～2 天内排净，因此，采用最大 24 小时暴雨量进行研究。

我们研究的暴雨重现期分别为 10 年、20 年、50 年、100 年。由《天津市水文手册第一册——暴雨图集》查得 4 种频率下最大 24 小时暴雨统计参数，运用皮尔逊 III 型曲线法计算得到了 4 种暴雨频度下各观测站的最大 24 小时暴雨强度值，选用析取克里金法得到了 4 种频率下最大 24 小时暴雨强度的空间分布图，并发现沿东北向西南方向，暴雨强度逐渐减弱，变化的幅度较小，但变化幅度随重现期的增大而增大。

在 ArcGIS 中对 8 m * 8 m 分辨率的谷歌影像进行目视解译，数字化了 7954 个多边形并将其进行归类整合，将中心城区分为 9 种土地利用类型，并根据《室外排水设计规范》对各种土地利用类型选取了径流系数。用 DK 法求得的最大 24 小时暴雨量值与各种土地利用类型的系数，利用 ArcGIS 进行栅格计算，得到 4 种频率下最大 24 小时暴雨径流深度空间分布图，通过比较，可以看出，暴雨频率越低，径流深度变化幅度越大。为得到天津市中心城区 4 种频率下的暴雨淹没情况，利用中心城 DEM 影像，在 ArcGIS 中对不同频率下的径流深度变化值进行无源淹没模拟。得出：当遭遇 10 年（$P=10\%$）、20 年（$P=5\%$）、50 年（$P=2\%$）、100 年（$P=1\%$）一遇的暴雨时，淹没面积分别占中心城区的 18%、26%、30%、33%。借鉴已有研究中的淹没深度的划分方法，并根据得到的中心城区淹没数据，将灾害危险程度划分为 5 个等级。得到暴雨内涝危险性分布情况（图 20）。从图中可以看出，4 种暴雨频率下中心城区都存在危险区域，低危险区较多，占 17%～27%，高危险区较少，且危险区多出现在中心城区的边缘地区。这是因为边缘地区地势较低，多为工业仓储用地，径流系数大。

以上情景分析我们假定了有暴雨内涝灾害发生，接下来预测这一灾害事件在 2030 年发生的可能性。由公式可得结果：2030 年天津市中心城区发生 4 种暴雨频率的概率逐步下降，从 70% 左右下降到 13% 左右。在暴雨发生的可能性下进行风险评估。

基于已有成果，又由于时间和数据条件的限制，所以主要评估人口受灾数和经济损失。根据以上淹没水深计算，得出在 2030 年不同暴雨频率下的受淹居住用地占总居住用地的比例，进而按照规划控制人口的 620 万人计算，可得出该年 4 种暴雨频率下的受灾人口为 30 万～60 万人。接着计算出不同淹没水深的社会资产平均损失率，按用 ARIMA 模型预测的 2030 年天津市中心城区的 GDP 总值 5790.28 亿元计算，求出该年 4 种暴雨频率下的淹没损失为 30 亿～100 亿元。

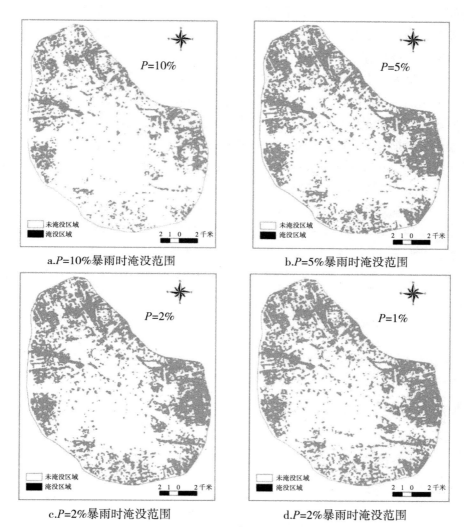

a.P=10%暴雨时淹没范围　　　　　　b.P=5%暴雨时淹没范围

c.P=2%暴雨时淹没范围　　　　　　d.P=2%暴雨时淹没范围

图20　不同频率暴雨时淹没范围

四、结论与展望

通过以上研究，我们得到以下结论：①天津市中心城区的暴雨强度空间分布格局是：沿东北向西南方向暴雨强度逐渐减弱，变化的幅度较小，但变化幅度随重现期的增长而变大。②天津市中心城区的边缘地区多为中低危险区，且出现高危险区的可能性较大，灾害风险大，应加强防范措施，降低灾害发生时的危险程度，以减少灾害损失。③根据灾害损失风险评估：2030年，中心城区的受灾人口数在4种频率下占规划人口的5%～10%，直接经济损失占GDP总额的0.5%～2%。总体来看，人口受灾数所占比例大，人均经济损失达5000～10000元。

当然，我们的课题还需要进一步完善：不同土地利用类型的径流系数需进一步细化，仍要加大对社会经济损失的调查，建立不同水深分类资产暴雨内涝损失率曲线。此外，我们采用的无源淹没是一种理想的方法，如果能得到中心城区坡度坡向数据，就能采用有源淹没法进行更精确的模拟，使结果更接近现实状况。

以上就是我们对课题的阐述。在此，我们特别感谢中国地理学会、中山大学地理科学与规划学院、湖北大学资源环境学院，感谢各位专家评委，感谢天津师范大学城市与环境科学学院及指导老师，感谢各位听众。

新展望——新时代下基于 GIS 的海绵城市规划

刘　森　郭　霖　王志伟

指导老师：朱西存　王亚南

（山东农业大学）

主持人：近年来，城市农业快速发展，改变了城市土地利用状况，城市暴雨致灾愈演愈烈，海绵城市的建设迫在眉睫。下面由山东大学带来《新展望——新时代下基于 GIS 的海绵城市规划》。

山东农业大学：从研究背景、实例分析、设计构思、发展展望四个方面出发，从"我身边的地理学"寻找，以我国城市规划建设为基础，带领大家一起探索在 GIS 下的海绵城市规划建设。

一、研究背景

2016 年，在我们谈论气候的时候，频频发生的暴雨现象总会出现在我们耳畔，国外如肯尼亚、印度尼西亚、美国、印度等遭遇暴风雨袭击严重。而国内，据新华社报道，我国南方大部分地区都发生了强降水，部分城市甚至出现自 1983 年来最强降雨。我国 6 月进入主汛期以来，发生特大洪水灾害，洪水强度不亚于 1998 年。全国 14 个城市被淹，城市内涝严重，尤其以武汉为最，其中部分城区最高降雨量达到 115 毫米。暴雨导致武汉城区数十地段出现内涝，重要交通道路被阻造成拥堵。受 2016 年强厄尔尼诺影响，6 月 1 日 3 时至 10 时，武汉市普降大到暴雨，其中洪山、光谷地段降雨量达 97～115 毫米，汉阳、沌口地区降雨量达 56 毫米，其他地区降雨量在 40～50 毫米之间。

由城市内涝就不得不说我国的城市建设。根据诺瑟姆曲线,当城镇化水平超过30%,低于70%时,代表城市经济发展最为迅猛的高速阶段。2015年我国城镇化水平达到了50.1%,这表明我国正处于城市经济发展最为迅猛的高速发展阶段。根据2010年第六次全国人口普查数据整理,从改革开放的1978—2010年这32年间,城市总数量增加3.4倍,特大城市增加明显,中等城市增加比例相对较小,但基数大,而建制镇增比是8.9倍,这也从另一方面揭示未来我国城市增长将出现井喷形势。城市发展中不合理的规划建设,导致城市硬化现象严重,同时下水道不合理的规划,浪费人力、物力,这也直接导致城市内涝。如何告别城中看海?如何使城市自由呼吸呢?这就靠我们要说的海绵城市。海绵城市就是指城市能够像海绵一样,在适应环境变化和应对自然灾害等方面具有良好的弹性。下雨时吸水、蓄水、渗水、净水,需要时将储存的水释放出来,并加以利用。

二、实例分析

海绵城市建设中好的案例如下:

案例一 新加坡的海绵城市建设。新加坡河流大都短小,淡水资源缺乏,因此建成蓄水功能良好的海绵城市对新加坡用水有重要意义。在新加坡海绵城市水循环收集与释放的过程中,下雨时,城市海绵体吸水、蓄水、净水、渗水并加以利用,在城市海绵体吸收的水,也可通过沉淀池进入沉淀口进行杂质的沉淀,而后在人工湿地加以储存。

案例二 瑞士的海绵城市建设。瑞士并不缺水,境内湖泊众多。但瑞士政府一直提倡节约用水,其先进的城市管道排水管道系统经验对我们建设海绵城市有重要的参考价值。瑞士将自然降水和生活污水分开处理,既发挥了自然降水的最大利用价值,又提高了污水处理的效率。最终两种水体汇入自然水体,在保护生态环境的同时,大大降低了城市内涝发生的概率。

三、设计构思

借鉴了国外优秀案例,那么这次我们的海绵城市规划又是怎样的呢?首先我们对我国城市基本建设做了一下问卷调查。我们发出问卷400份,收回问卷 360 份,有效问卷 352 份。我们得出的结论是,我国道路硬化现状面积过大,城市排水系统设计仍有不合理之处。结合问卷调查并借鉴国外的优秀实例,我们的设计原则是生态优先、因地制宜,将自然途径与人工措施相结合,最大限度地实现城市的海绵化、生态化。我们的设计理念主要追求三个字:透、靓、净。透,让城市"透气""透水",打造会呼吸的城市。靓,改造花园绿地,装扮绿色城市。净,通过治理和改善,给居民一个生态宜居的城市。

我们利用所学的信息技术、数据统计分析、图像编辑规划、城市指向导航、三维模型建造,能够让海绵城市的设计更加精准化。首先,我们进行相关自然地理资料的收集;其次,我们对河流流域进行具体分析,设计了具有生态性、海绵性的方案;最后,我们规划了以平面布局为主的总体布局,主要以排水系统、大型蓄水池、收集水的利用三个方面为主。总之,我们的目标就是达到精流控制。

具体措施体现在对于城市自然降水利用方面。我们将自然降水从源头经过自然运输加以利用,对于地表水也能够尽其所用。通过各个产业发展过程中对水的不断利用和产生的废水的不断循环,从而达到动态平衡的效果。对于地下和地面排水系统,我们力求排水畅通、有效迅速、准确安全。在设计大型城市蓄水池的时候,我们针对水位的动态变化,计划加强雨水疏导,减少城市内涝。降水收集循环利用流程,首先我们对降水进行储存、利用以及不断地循环,从而达到有效利用、避免洪涝灾害的效果。以上就是我们的思路。

四、发展展望

明确了设计的方向,那基于这样的海绵规划又有什么样的应用前景呢?2015 年 10 月 11 日国务院发布《国务院办公厅关于推进海绵城市建设的指导意见》,有序推进海绵城市建设,国家确定 16 个海绵城市建设试点,并制定了相应的目标。这是海绵城市未来的一角,海绵城市是城市建设里面的一种转换,是一种可持续的发展。在海绵城市的规划中,这些技术越来越被重视。我们相信,在不久的将来,运用这次海绵城市规划建设,会占据城市规划的主流。以上就是我们的主要内容,请老师批评指正,谢谢!

阿拉善高原全新世湖面波动过程

于昕冉　高芸雅　范成彦　陈彦强
指导老师：李卓仑　王乃昂
（兰州大学）

主持人：一直以来气候变化都是人们关注的焦点之一，尤其是全新世纪以来的气候变化与人们的生活更是紧密相连。中国西北地区的湖泊作为一种环境信息的载体，其湖面波动过程不仅呈现出一种自然景观的变化，更为研究气候变化提供了可靠证据。通过获取和分析这种信息，就能够有效地帮助人们了解气候变化的特点和规律，从而更好地应对更热、更旱、更涝的未来发展趋势。下面请兰州大学的同学们带来《阿拉善高原全新世湖面波动过程》。

兰州大学：我们将从研究背景、研究区概况、研究方法、结果分析、结论与讨论五个方面展开讨论。

一、研究背景

一直以来，气候变化都是人们关注的一个热点话题。这种变化直接影响了人类的生存发展，使得了解和掌握气候变化的历史和规律成为当前至关重要的研究之一。我们知道，气候变化的信息可以被记录在许多不同的自然景观中，通过研究自然景观的变化，就能够从中获取这些信息，有效地帮助我们了解气候变化历史，预测未来发展趋势。对于阿拉善高原的沙漠地区而言，分布的很多封闭湖泊水位的高低能够较好地反映相对湿度的变化，这些湖泊作为环境信息载体记录了全新世阿拉善高原的气候信息。因此，在本项研究中，我们将重建这些湖泊的湖面波动过程，希望能够为研究阿拉善高原的气候演变提供一些依据。

二、研究区概况

阿拉善高原指河西走廊以北、狼山贺兰山以西、马鬃山以东的广大地区。高原主体分布有巴丹吉林沙漠、腾格里沙漠和乌兰布和沙漠等，南部祁连山为石羊河、黑河的主要水源地。历史时期，这两条内陆河分别形成各自的终闾湖，猪野泽和居延泽，地处亚洲季风边缘区，对气候变化十分敏感，在全新世经历了多次湖面波动。

三、研究方法

阿拉善高原的现代湖泊绝大多数为封闭咸水湖和盐湖，在其周围广泛分布着湖泊收缩时残留的湖滨相沙砾和粉细砂黏土组成的湖积平原、沙砾质岸堤和湖成阶地等地貌学标志，据此可以重建古湖面的高度，估算古湖泊水域面积。沙砾质岸堤是湖面下降过程中相对稳定阶段遗留下来的，在湖泊连续退缩过程中，会形成一系列类似同心圆状或近于平行的湖岸线。某些较大的干涸古湖，其湖岸线在遥感影像上即可确定。结合研究区的TM遥感影像和DEM高程图即可确定古湖泊的位置、高度和范围。在重建古湖泊湖面波动的过程中，高湖面的确定非常重要。高湖面主要以湖泊阶地后缘陡坎或最高岸堤的海拔高度为依据，同时考虑湖泊地貌与湖相沉积时代，且湖面高度基本统一、无明显后期构造抬升。湖面的波动和水位的上升，会改造此前形成的湖岸线。但最高湖面形成时期的沙砾质岸堤往往得以保留，因而湖泊范围可以较准确地复原。通过在湖泊岸堤及湖成阶地所采样品进行^{14}C或OSL测年，就能够把湖面高程、湖泊面积与年代对应起来。

在具体的操作中，面积的求算，是在假设古湖泊形成以来，构造变形运动对流域与湖泊的影响可忽略不计的前提下进行的。通过对古湖泊及流域地貌调查，获得古湖泊遗迹的高度分布、时代特征及流域分水岭变化情况，在1:5万DEM上利用方格法匡算出典型时段的湖泊面积。

对于湖面降水量的计算，不考虑流域间地下水交换与水分渗漏等因素，自然状态下封闭流域全流域水量平衡方程：$P - E = \Delta H \cdot S$（P为流域降水量，E 为流域蒸发量，ΔH 为湖面水位升降量，S 为湖面面积)。在流域气候环境相对稳定时，湖泊年平均水位基本保持不变，即全流域降水量与全流域蒸发量相等，据此可以算出流域降水量。

湖面或陆面蒸发量，一般可由以下公式给出：$E = R/[(1 + B) \cdot L]$。

四、结果分析

基于以上基本知识，使用猪野泽和居延泽的湖岸堤高程、湖泊面积、测年结果等数据，利用 ArcGIS 等软件，我们做出了猪野泽和居延泽全新世的湖面波动动态图。图 21 中显示的是猪野泽和居延泽的湖面波动过程。

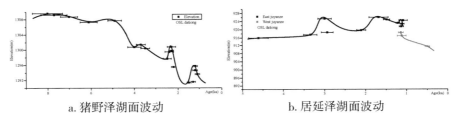

a. 猪野泽湖面波动　　　　　　　　b. 居延泽湖面波动

图 21　湖面波动过程

猪野泽的数据主要集中在全新世中期、晚期，湖面变化大致为：早全新世时期，气候逐渐变湿，有效降水逐渐增多，湖面高度逐渐上升；中全新世时期，气候温暖舒适，有效降水多，湖泊水位普遍较高，在 6700—5800 年间，全流域降水量达到 285 毫米，远高于现代降水量 213 毫米；晚全新世时期，气候逐渐变干，有效降水减少，湖泊水位下降。

居延泽的数据较少，主要集中在全新世晚期。这个时期气候从湿润转变为干旱，水分含量逐渐下降。其中，1540 年左右，居延泽湖泊水位达到最高，此时的湖泊面积为 5418 平方千米。

通过以上两幅动态图，我们可以看出，进入全新世以来，猪野泽和居延泽的湖泊水位一直处于不断的波动状态，其中，猪野泽的湖面波动总体上可呈现出中全新世湖泊水位较高，早、晚全新世湖泊水位相对较低的特征。同时，相较于现代降水，中全新世降水要高出 70 毫米左右。这是因为，从较大的时间尺度来说，全新世气候呈现出干—湿—干的变化特点，并被古湖泊记录，体现在不同的湖面高度上。从较小的时间尺度来说，在全新世的每一阶段，气候干湿交替频繁，体现为湖泊湖面高度不断变化，这一特点在居延泽全新世晚期的湖面波动中体现得尤为明显。

五、结论与讨论

这样的结果不仅说明了湖泊和气候在全新世处于不断变化的状态，还体现了气候与湖泊之间的相互关联的关系，既符合人们对全新世气候的广泛认知，也向人们展现了湖泊与气候的多变性和复杂性。

全新世以来的气候变化与人类发展联系十分紧密，希望我们能够做出更多的努力，使人类能正确认识和掌握自然景观和气候变化的特点及规律，从而更好地应对更干、更旱、更涝的未来发展趋势，实现人类社会的可持续发展。以上就是我们团队的展示，谢谢大家，请各位评委老师批评指正。

第七章 土地覆盖主题

　　土壤是地球的皮肤,同时也是陆地生态系统的根基。城市化高速发展的今天,人类活动对陆地表层系统作用的程度和广度是空前的。土地利用/土地覆被变化是全球环境变化和生态系统变化对气候变化和人类活动最重要的响应之一。本主题中,报告者展示了城市土地扩张、变化与城市高温的关系;NPP 对地形和土地覆被因素的影响分析;校园土壤类别判别,黄土成因及物源;煤矿区沉陷对农业生产的影响及治理模式的提出等。

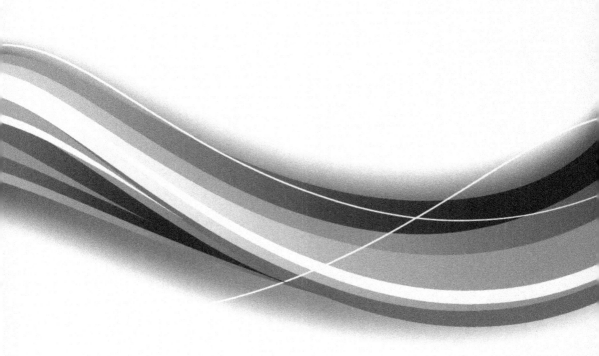

基于土地利用变化的城市高温风险评估
——以长江流域"火炉城市"为例

王　芳　苗梦恬　龙秋月　周元瑞
指导老师：张学儒　黄　海
（重庆交通大学）

主持人：近十年来，因全球气候变化温度升高，以及城市剧烈扩张加剧热岛效应，诸多城市高温频发。城市的高温天气对人与自然造成了严重危害。要解决城市高温问题，除了对城市温度的直观感受，还需要对城市温度进行科学的研究与分析。下面由重庆交通大学带来《基于土地利用变化的城市高温风险评估——以长江流域"火炉城市"为例》。

重庆交通大学：各位评委老师、同学们，大家下午好！我们来自重庆交通大学，今天我们展示的主题是《基于土地利用变化的城市高温风险评估——以长江流域"火炉城市"为例》。

一、引言

首先了解一下什么是高温。高温就是指夏季日最高气温在35 ℃以上，持续时间超过3天的炎热天气现象。高温带给人的直观感受就是热，那么高温具体有哪些危害呢？第一，危害人体健康，影响正常生活；第二，造成城市用水、用电紧张；第三，加剧光化学污染；第四，降低工作效率，导致交通事故发生率上升。

本次展示包括三个部分：研究背景及意义、主要内容及方法、研究结果及分析。

全球气候变化导致城市高温风险日益加重；城市化快速发展导致城市剧烈扩张，加剧热岛效应；城市高温对人类健康造成重大影响。基于以上原因，对城市高温风险管理及预警以及从土地利用变化的视角阐明城市高温产生的机理具有重要意义。

二、研究内容及分析

研究过程包括四部分：资料收集、数据处理、深入分析和提出建议。

研究区域则选择了长江流域 4 个有代表性的"火炉城市"：重庆、武汉、南京和上海。接下来是研究的第一部分内容。

首先分析高温风险的时间特征。利用气象数据分别对 4 个城市近三十年来，每年七八月份的高温天数进行统计，见图 22。由图中可以看出大于 35 ℃高温平均天数，可见城市高温平均天数呈上升趋势。以 2000 年为分界点，后 15 年高温天数显著大于前 15 年。重庆、武汉、南京、上海 4 个城市，后 15 年大于 35 ℃高温平均天数较前 15 年分别增加 8 天、6 天、6 天、4 天。大于 38 ℃高温平均天数分别增加 6 天、1 天、2 天、3 天。可见城市高温总体呈上升趋势。

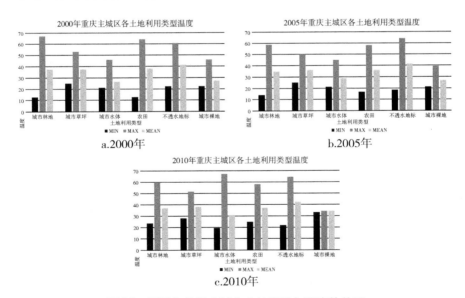

图 22　不同年份重庆城市土地利用与温度的关系

接下来是空间特征分析。利用 TM 遥感影响图对 4 个城市进行地表温度反演，根据反演图对 4 个城市高温风险进行等级分区，将温度小于

20 ℃划分为低温区，20～30 ℃划分为常温区、30～40 ℃划分为次高温区、温度大于40 ℃划分为高温区，最终得到高温区域，可以看出高温区域均为城市的中心区域。对高温空间特征进行分析，可以看出武汉的高温区集中分布在长江两岸、汉阳等近江地区。就南京来说，地表温度由长江两岸向周边逐渐降低。2010年高温区分布面积显著高于2002年。重庆的高温区聚集在两江交汇处，沿两江向外，温度整体呈下降趋势。从2003年到2010年的高温区则向嘉陵江以北方向扩张，这可能与重庆市建成区扩展有密切关系。上海的高温区集中在沿江的宝山区、浦东新区。随着时间的变化，高温区在空间上由上述区域向周边扩展。城市热岛效应加剧趋势显著。

接下来进行我们的第二部分研究。为了进一步研究土地利用与温度之间的关系，在ArcGIS中将土地利用图与温度反演图进行空间分析，得到不同土地利用类型的温度特征，根据不同城市三期数据，得出以下结果。重庆：就平均温度而言，不透水地表＞林地＞草地＞裸地＞农田＞水体，各地类平均温度总体呈上升趋势。武汉：不透水地表的平均温度均高于其他用地类型，其中水体温度最低，近十年各类用地温度均有提升，总体趋势不变。南京：不透水地表温度最高，城市水体则最低，其他用地类型差异不显著。近十年的各土地利用类型的温度总体呈缓慢上升趋势。上海：不同土地类型间平均温度差异较小。那么土地利用与温度之间究竟存在着怎样的内在联系呢？

基于土地利用与温度之间的密切关系，带来我们的第三部分内容。现在从微观的角度分析土地利用对温度的影响机制，通过分析不同面积大小的土地利用斑块的温度特征，统计不同面积大小的土地利用斑块温度，可以看出：随着斑块面积的增加，不透水地表平均温度呈上升趋势、水体总体呈下降趋势、草坪变化不显著、森林和农田变化无明显规律。其中水体对周边区域的温度变化起着一定的作用。为了进一步分析生态用地对周边区域的影响，以重庆市河流对周边建设用地的影响为例。做以25米为间距的缓冲区带，建到150米，再由150米起每50米建立一个缓冲区带直至1000米。最终得到水体周围缓冲区不透水地表温度特征图表。

统计水域不同缓冲区带中不透水地表的平均温度，发现：散点图在125米以内上升趋势显著，上升幅度平均为0.87 ℃，即每远离水体25米地表温度平均上升0.87 ℃，最高在25～50米处达到1.78 ℃，在150米之后不透水地表温度变化趋势不显著。说明在125米范围内水体降温作用显著，125～150米仍有降温效果但不明显，150米之后不透水地表温度几乎不受水体影响。

三、研究结论

通过以上研究内容，得到以下四个结论：①城市高温总体呈上升趋势；②各地类平均温度由高到低依次为不透水地表、林地、草地、裸地、农田和水体；③随斑块面积增加，不透水地表平均温度呈上升趋势，水体呈下降趋势；④水体对其外围区域降温作用在125米范围内最为显著。

现今城市高温问题越发受到人们的重视，通过分析城市高温的时间、空间特征，土地利用与温度的关系，有助于在未来的城市规划建设中提升城市高温规避及预警的能力。敬请各位专家批评指正，谢谢！

气候变化背景下 NPP 对地形和土地覆被因素的响应特征研究

曾靖宇　姜　琦　孟雨菲　黄思敏　黄　怡
指导老师：税　伟　王前锋
（福州大学）

主持人：福建是我国东南山地丘陵地区，地形变化多样。但是森林覆盖率连续 37 年被评为全国第一，具有突出的生态优势，因此成为全国第一个生态文明先行示范区。在此背景下，福州大学将福建省作为切入点，为我们带来《气候变化背景下 NPP 对地形和土地覆被因素的响应特征研究》。

福州大学：地承千古河山，理蕴万事精髓。尊敬的老师、亲爱的同学们，大家上午好！我们是来自福州大学的绿色生产小分队，今天我们带来的是《气候变化背景下 NPP 对地形和土地覆被因素的响应特征研究》。本次汇报分为五个部分，我们将依次为大家展示。

一、研究背景

近年，"清新福建"已成为一个热词。多年来，福建省生态环境状况指数始终保持全国前列，森林覆盖率连续 37 年冠居全国。"绿色福建""清新福建""生态福建"已成为福建新名片。作为生态文明先行示范区，森林是福建宝贵资源中最重要的一部分，也是碳储量最重要的地表覆被类型，而植被净初级生产力直接反映了植被群落在自然环境条件下的生产能力，作为地理专业学生，同时身为福建人，我们从身边出发，以福建作为切入点，基于 NPP 视角探究生态文明中国的建设。

NPP 即植被从光合作用获得的能量扣除自养呼吸后的剩余部分，其中人类占用部分即 HANPP，NPP 直接影响着碳循环，在全球气候变暖背景下对其研究具有很高的现实意义。

二、研究问题和创新贡献

基于 NPP 的现有研究，我们总结了以下几点不足之处：首先 NPP 计算模型缺少对 LUCC 变化的考虑，使用参数过于简单；其次对不同土地覆被因素考虑不全面，多研究单一土地类型；再次对研究多基于水平分异，缺少对垂直分异规律的考虑。由此，我们提出以下几个科学问题：

（1）在全球气候变暖背景下，基于土地覆被变化计算的中国 NPP 是否有显著增加或减少趋势？

（2）全国范围内，NPP 对不同土地覆被类型的空间异质性如何？

（3）地形及气候变化对 NPP 和人类干预的 NPP（HANPP）是否存在正负相关关系？

三、数据来源和方法

首先，为大家介绍本队各项研究数据。使用的数据来源于 NASA、中国气象数据网及国内外相关文献。其次是本队的技术路线，我们先将 MODIS 影像、NDVI 等基础数据通过数据合成等技术手段处理，获得 1 千米空间分辨率数据集；再利用改进后的 CASA 模型、迈阿密模型计算 NPP 和 HANPP，并从趋势、格局和相关三个部分结合 IGBP 土地分类和柯本气候分区等限制条件对 NPP 及其响应特征进行分析。其中 CASA 模型即从太阳辐射和 NDVI 数据得到光能有效辐射，并考虑温度和水分胁迫，利用修正后参数，两者结合计算出 NPP，再根据气象数据，利用迈阿密模型计算人类占用部分，即得 HANPP。

四、结果分析

为严谨深入地揭示影响 NPP 的要素及 NPP 变化响应规律，本队的结果分析将从 NPP 的趋势、格局以及相关性三部分为大家展示。

先从趋势分析开始。趋势分析分为空间趋势及年际变化，结合中国气象要素与HANPP,得到NPP趋势变化分析结果。全国范围内,NPP在黑河—腾冲线以西无明显变化,以东地区有较明显上升的趋势,福建省则呈现东南增、西北减。HANPP变化趋势图显示,东北及沿海发达地区HANPP增长迅速,中国西北、东部及云贵地区HANPP有所下降;而福建HANPP为东南降、西北升。从年际变化视角看,全国NPP与气温呈正响应关系;同样,福建省也表现出正响应关系,但稍弱于全国。再是降水,就全国而言,NPP及降水存在较弱的正响应关系,而福建NPP与降水无明显关系。

接着是空间格局。我们利用不同的土地覆被类型掩膜进行处理,对NPP的空间格局进行了分析。通过中国NPP空间格局图可以看出明显空间分异规律,中国西部NPP多处于较低水平,而东部NPP值越靠近海岸线表现出越高的水平。福建省整体NPP均值较高,沿海地区较低。为探究不同土地利用类型下NPP的空间格局,我们选取全国面积占比大于10%的4种土地利用类型,作为限制要素进行分析。草地主要分布于黑河—腾冲线以西,其NPP随着深入内陆表现为降低趋势,均值为400。稀疏植被主要分布于我国西北部,以塔格拉玛干沙漠为核心呈核心—外围逐渐升高趋势,均值为50。农用地主要位于我国东部,NPP值随纬度升高呈降低趋势,且越远离海岸线,NPP值越低,均值为600。混交林地主要分布于黑河—腾冲线以东,纬度越低,NPP越高,均值为1100。

接着为相关分析。相关分析主要分为三个部分:NPP与气象要素、以柯本气候分区及IGBP土地分类为条件的NPP与海拔、HANPP与气象要素。先是NPP与气象要素的相关分析。中国NPP与温度总体呈负相关,温度因子驱动力较强。中国北部尤其是内蒙古一带NPP与降水呈显著正相关。其次,我们分不同气候区对NPP与海拔进行分析。由图23可知,热带:混交林NPP随海拔升高呈显著正相关。高原区:草地NPP与海拔表现为极显著负相关。干旱区:混交林NPP正相关性大于农用地。暖温区:农用地NPP正相关性大于混交林,稀疏植被NPP与海拔呈显著负相关。冷温区:NPP与海拔正相关性表现为混交林＞草地＞农用地,稀疏植被NPP与海拔为负相关。而相较全国,福建主要为混交林及农用地,混交林NPP随海拔相关系数略大于农用地。最后是HANPP与气象要素的分析。中国HANPP与温度整体呈负相关,青藏交界及辽宁一带为极显著负相关。HANPP与降水总体呈极显著正相关。驱动力明显强于气温。

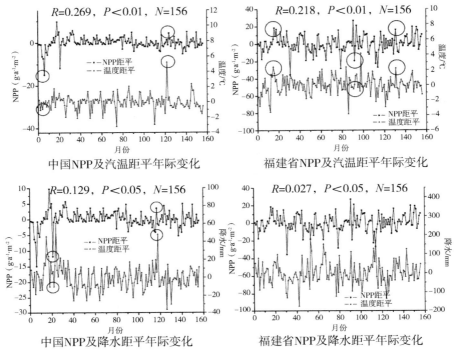

图23 中国、福建NPP及气温/降水距平年际变化

五、研究结论

综上,我们得出以下四点结论:

(1) NPP 于黑河腾冲以东整体上升,纬度越低,趋势越明显,其值与距海岸线距离成负相关,而 HANPP 呈连片分块式增减交替分布。

(2) NPP-气温趋势强于降水。而 HAPPP-气温相关性弱于降水。

(3) NPP 在不同土地类型下均值为:林≫农 > 草≫稀疏植被。

(4) 地形对 NPP 驱动力较强,不同植被类型于不同气候区表现不同。

努力将八山一水一分田变为好山好水好人家,以"清新福建"与 NPP 为视角,为建设生态文明中国提供宝贵经验。我们的报告到此结束,感谢大家的聆听,望各位老师、同学批评指正。

寂静的土壤不再静寂

马秀馨　黄颖菁　刘水玲　江　颂
指导老师：陈奕云　费　腾
（武汉大学）

主持人：土壤是地球皮肤，同时也是陆地生态系统的根基，孕育着世界万物，土壤一直以来扮演着寂静的角色，在人类进程中默默地发挥着作用。大学校园的土壤是否也有斑斓的世界？下面由武汉大学带来《寂静的土壤不再静寂》。

武汉大学：各位大赛组委会的评委老师、同学们，大家好！我们将向大家介绍如何通过一种全新的建模方式，利用高光谱技术对土壤进行类型判别。

一、引言

武汉大学被誉为最美校园之一，春夏秋冬的武汉大学校园色彩缤纷。可是"百谷草木丽乎土"，生活在多彩校园中的人们，却从不关注土壤。虽然武汉大学占地5000多亩，土壤一直被我们踩在脚下，但我们的确忽视了土壤的存在。老师们常说："地理学的精髓在于发现。"作为在校大学生的我们应该主动探究、了解土壤，但是应该怎样分辨呢？

二、研究过程

随着现代高科技的发展，人类应该已经有很多手段来辨识土壤了。在很久很久以前，人类是用颜色来给土壤分类的，北京中山公园的社稷坛的五色土就是一个代表。为了了解武汉大学的土壤是怎样的，我们

Soil Buddy 小队采集到了来自武汉大学校园内的 59 个样本，并且进行了目视比色。接下来我们还对样本的碳含量进行了测量，发现那些呈现黄色、红色样本的碳含量要低于黑色样本的碳含量。可是，土壤为什么有这么多不同的颜色呢？我们测了样本的光谱反射率，发现土壤含碳量越高反射光谱曲线就会越低，也就是说颜色越深。同时，我们还探究了碳含量在不同波段下与反射率之间的相关性，可以看出在 700 纳米附近，两者的负相关性最强。这也就解释了为什么红色、黄色样本的土壤碳含量相对较低。

人类高科技的发展、地物波谱仪的出现，拓宽了我们的视界。让我们可以更加高效、便捷、环保地来认识土壤。首先我们获取到了全国土壤光谱数据库的上千条土壤数据。利用全国光谱库中的光谱曲线与对应的土壤类型分别作为 X 值、Y 值建立土壤类型判别模型，并对模型进行了留一交叉验证，来证明这个模型的稳定性和精确性。这样我们就可以通过土壤光谱得到土壤的类型了。可是如果将所有土壤混杂在一起直接进行分类，很容易出现错误。如果以水果为类比，直接对其分类，差异大的类别容易区分，而苹果与西红柿会因为其外观相似而容易混淆。同理，对土壤直接分类也会造成这样的相似土壤易混淆的错误。这个问题困扰了我们很久，经过几个月的探索，我们研究出了一个更好的方法来解决这个问题。针对这个模型我们提出了先归类后分类的建模思想，还是先以水果为例，首先将香蕉这样一个差异较大的类别分出，之后就可以聚焦于苹果与西红柿类间的细微差异，进行二级分类。这样就可以得到相对准确的结果。类比到土壤中也是如此，我们先将容易混淆的土壤分为大类，再在类中进行多级分类，最终更为准确地判断出土壤类别。同时我们还计算模型改进前后 F1 值的大小，可以看到模型改进后精度有了大幅提升，也就说明新式模型更加精确可靠，我们就有了这样一个好的建模结果。见图 24。

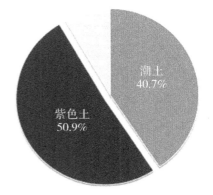

图 24　校园土壤的分类结果

三、结果分析

接下来,我们就可以将校园土壤曲线带入,得到校园土壤的分类情况。从校园土壤的分类结果图可以看到校园土壤被分为紫色土和潮土两类以及少量无法判别的土壤。将校园土壤的光谱曲线与全国光谱数据库中的对应类型的光谱曲线对比可以看到,无论走势或是反射率都几乎一致,也进一步证明了模型的精确度和有效性,也表明我们成功地使用高光谱技术建立了土壤类型判别模型。见图25。

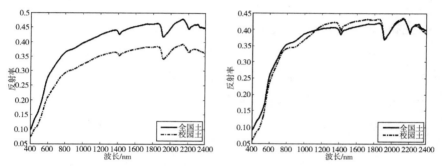

图25 校园土壤的光谱曲线与全国光谱数据库中的对应类型的光谱曲线对比

四、小结

在整个研究中,我们借鉴了古人利用"五色土"进行土壤分类的思想,采用土壤光谱建立了土壤类型判别模型,并采用全新的建模思想,大大提高了模型精度。将该模型应用到身边的土壤中,得到了校园土壤的类型。进一步认识了土壤,我们可以为改善校园景观出谋划策。

古人智慧真奇妙,五色土把地域晓,深色表明肥力高,开窍!光谱技术创新招,判别模型效果好,卫星天上拍个照,精妙!地理精髓身边找,寂静土壤藏奥妙,留心观察很重要,明了!认识土壤有啥好,土壤属性都知晓,校园环境新风貌,厉害了我的土!寂静的土壤已经通过光谱这样的特殊语言与我们交流,不知在座的各位,你们听见了吗?

山东黄土的秘密——鲁中山地黄土成因、来源的磁化率、粒度证据

张 月 赵文轩 宋金铭 韩丹妹
指导老师：丁 敏 赵秋月
（泰山学院）

主持人：黄土研究是我国环境变化领域的优势领域方向之一。不同地区黄土的存在具有不同的成因，目前山东黄土存在的成因及物源均存有争议。下面泰山学院带来《山东黄土的秘密——鲁中山地黄土成因、来源的磁化率、粒度证据》。

泰山学院：尊敬的各位评委、专家，亲爱的同学们，大家上午好！我们是来自泰山学院的黄土部落队，很荣幸站在这里和大家一起分享我们的作品，接下来请大家和我们一起探索山东黄土的秘密。

一、引言

首先，我们来看一下山东黄土的主要分布区：山东黄土主要分布在渤海湾滨海岛屿区以及鲁中山地北麓区。本次研究，我们选取了鲁中山地北麓区作为重点研究区域。

目前在山东黄土研究中，主要存在两大议题：成因与物源。首先，成因方面，山东黄土的成因是水成，风成，还是就地风化呢？其次，物源方面，山东黄土的来源是远源黄土高原还是近源黄泛平原和渤海湾沉积呢？

根据以上两大议题，我们提出了具体的研究方案，即将研究区域——鲁中山地北麓区与潜在物源——远源黄土高原、近源黄泛平原进行对比，通过粒度与磁化率数据分析，对成因和物源进行判别。

本次研究共选取两大重要指标：粒度与磁化率。粒度在揭示搬运动力、搬运距离和沉积环境方面具有独特优势，且目前研究区内基于粒度进行风力系统差异的研究还比较少见。而磁化率很少用于揭示物源变化，但是最新研究发现，不同沉积环境和物质来源的沉积物磁性特征具有很大差异。故本实验拟对此进行尝试。

本研究对于深度认识山东黄土的沉积环境具有重要意义，对于现在粉尘的堆积和环境治理具有借鉴意义。研究共分为四部分：野外考察和样品采集、实验操作、实验结果和数据分析、总结归纳。

二、野外考察和采样

首先是野外考察和采样过程，此过程大致分为 3 个阶段。第一阶段宏观了解研究区域地势地貌和自然环境，梳理已具备的远源黄土高原等地的样品。第二阶段采集山东潜在源区样品。第三阶段采集研究区域样品。

我们选择将相对成熟的黄土高原白水剖面作为远源潜在物源参比剖面。近源潜在物源的采样路线，沿黄河及其北岸排布，西至济南平阴，东至黄河入海口的东营，15 个地点共采集样品 34 个。至于鲁中山地北麓研究区域，我们自西向东采取 6 个典型剖面进行研究。采样完成后进入到室内试验分析阶段。

三、实验分析

首先是磁化率实验，采用英国 Bartington 公司生产的 MS – 2B 型磁化率仪进行测量；其次是粒度实验，采用英国 Malvern 公司生产的 Mastersizer – 2000 型激光粒度仪进行测量。磁化率和粒度实验均为成熟的实验手段，为数据的科学性提供保障。

四、数据分析

实验完成后进入到实验结果和数据分析阶段。首先是粒度数据分析，我们通过对各剖面不同等级粒径以及粒度参数进行统计，发现研究区各剖面粉砂粒级含量均在 80% 以上，占绝对优势。从粉尘动力学研究角度来看，粉砂占绝对优势的特征表明其颗粒是以风力搬运为主。同时运用粒度参数计算结果，利用萨胡公式进行沉积环境判别，计算结果显示，研究区各剖面均为风成沉积。

另外，通过研究区自然环境和剖面宏观特征进行进一步佐证。研究区北部即上风向有黄河沙及黄土高原等沙源地，南部即下风向有鲁中山地的阻挡，具备形成条件。同时野外观察时发现剖面中没有水平层理，且质地相对均一，具备典型的风尘沉积特征。经过以上分析，我们推测山东黄土成因以风成沉积为主。接下来通过粒度进行物源判别。

前面我们讲到山东黄土物源有可能来自远源黄土高原或近源黄泛平原，那么我们首先来看山东黄土与黄土高原是否同源。根据粒度分选原理，沿着风向前进，距离源区越远，沉积的粒度越细。如果二者同源，而山东黄土明显较黄土高原距离源区更远，那么山东黄土应该具有更细的粒度组分，而实验数据如何呢？

通过对山东黄土与黄土高原的频率分布曲线进行比较，我们发现山东黄土的峰值粒径大于30.2微米，而黄土高原峰值粒径小于19.9微米，山东黄土的峰值粒径并不比黄土高原的细反而更粗，表明山东黄土具有比黄土高原更粗的粒度组分，不符合粒度分选原理，初步判定二者不属于同一沉积系统。

粗组分这一指标可以揭示搬运距离。山东黄土与黄土高原含量相差不大，且山东黄土各剖面含量也相差不大，表明各剖面距离自己的源区有大致相等的距离。山东黄土各剖面与黄河距离相当，结合现代风向，推测山东黄土物源以近源沉积为主。

通过粗组分含量与中值粒径散点图我们可以发现，山东黄土与黄土高原粒度分布趋势明显不同，类似不同风力系统下的沉积结果，再次证明山东黄土与黄土高原物源不一致。见图26。

接下来是磁化率分析。我们利用磁化率这一指标进行山东黄土的物源推测。在黄土高原地区黄土的磁化率受到多种因素的影响，随着成壤强度的增强，磁化率越大的这一规律在学术界得到广泛认可。山东地区位于黄土高原的东部，气候较黄土高原更为暖湿。如果二者同源那么山东黄土应该具有更高的磁化率。

我们对鲁中山地北麓黄土剖面与潜在源区进行了低频磁化率、高频磁化率和频率磁化率的结果统计。结果显示，山东黄土的磁化率普遍低于黄

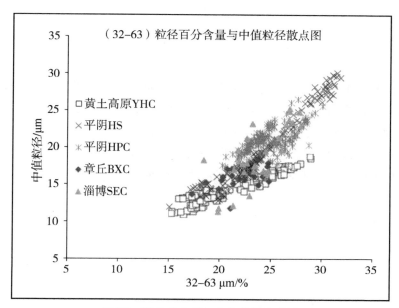

图26 粗组分含量与中值粒径散点图

土高原，尤其是成壤较弱的黄土层与黄河表土和两岸泥沙更为接近。这进一步验证了山东黄土成壤强度较大，反而磁化率较低，与正常情况不符，因此我们推断山东黄土与黄土高原可能不属于同一物源。接下来是低频磁化率与频率磁化率的散点图，见图27。山东黄土的磁化率与黄土高原明显不同，而与黄河泥沙和两岸表土存在交叉。由此我们可以推断山东黄土是以近源的黄泛平原沉积为主。

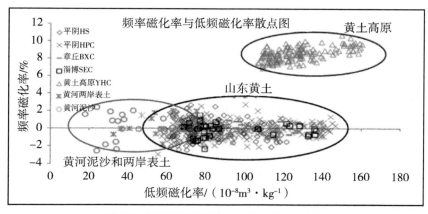

图27 纸频磁化率与低频率磁化率散点图

五、结论

根据以上对粒度、磁化率指标的综合分析，我们可以得出如下结论：成因上，鲁中山地北麓黄土具有典型风成沉积特征，是风力搬运堆积的结果，剖面中的砾岩透镜体应该是后期洪水改造的痕迹。物源上，鲁中山地北麓黄土为近源沉积，且主要物质来源为近源的黄泛平原沉积。

以上就是我们团队为大家所展示的"山东黄土的秘密"。

鱼与熊掌可兼得
——煤粮复合区土地沉陷及治理模式

祁亚辉　刘　祥　高　爽　刘灿辉　张九杰
指导老师：马守臣　郝成元
（河南理工大学）

主持人：煤矿在为国家提供能源支撑的同时，采煤呈现的生态环境问题也逐渐出现，对区域农业生产和居民生活带来了严重的影响。有没有鱼与熊掌兼得的煤粮复合区的生态治理模式呢？让我们听听河南理工大学的展示：《鱼与熊掌可兼得——煤粮复合区土地沉陷及治理模式》。

河南理工大学：下面我们的汇报从以下几个方面展开。

一、研究背景

据调查，至 2015 年，煤炭占中国能源消费比例的 63%。经预测，至 2030 年，煤炭仍占我国一次能源消费的 55%。由此看来，现阶段乃至未来很长时间，煤炭仍是我国的重要能源。然而煤炭在为我国经济带来巨大贡献的同时，也给区域生态环境及居民生产生活带来严重影响，如在采煤沉陷区"有田不能种""有路不敢走""有房不敢住""有家不能回"的"四不"现象普遍存在。造成该现象的主要原因是采煤沉陷。河南作为农业大省，其采煤沉陷造成的耕地问题更为突出。截至 2015 年，河南采煤沉陷土地面积达 5.86 万公顷，其中沉陷耕地面积为 4.75 万公顷，占 80%以上。给农业生产带来极为严重的影响。

二、研究区概况

为解决采煤沉陷造成的环境及农业生产问题，我们选取新乡赵固矿作为研究区。该煤矿于 2011 年正式开采，矿区地质环境脆弱；矿区总面积约 84.92 平方千米，人口约 6.1 万人。

三、方案设计

针对赵固矿的土地沉陷问题，我们从以下四个方面进行研究。

（1）遥感数据处理。我们采用 2009 年和 2016 年两期 DEM 数据，通过栅格计算得到土地沉陷及居民点下沉情况。同时我们采用 2011 年、2013 年、2015 年三期土地利用数据，得到地表积水区的面积变化。

（2）农户入户调查。我们选择大梁家村等 6 个村庄，针对地下水变化等四个方面的内容展开调查。

（3）样品采集。以采空区为中心，在 300 米、500 米缓冲区内采用均匀布点的原则布点。见图 28。

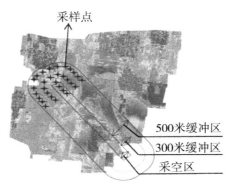

图 28　布点原则与数量

（4）分析测定。分别测得土壤呼吸速率、土壤水分含量、小麦叶片净光合速率以及小麦叶绿素含量。

四、结果与分析

（1）土地沉陷变化。研究区在此期间土地沉陷总面积达 2.45 平方千米，其中沉陷耕地面积占沉陷总面积的 80% 以上。

（2）对居民点的影响。截至 2016 年 8 月，采煤沉陷已导致 10 个村庄搬迁，搬迁人口约 1.75 万人。其中大梁家村等 6 个村庄已发生不同程度的沉陷。最为严重的是北小营村，整体下沉 3.89 米。

（3）对地下积水、地下水位的影响。通过对三期土地利用遥感影像处理与分析发现，研究区 2009 年尚无地表积水，而 2013 年积水面积激增至 0.61 平方千米，2015 年又新增 0.27 平方千米。此外，矿区周围地下水位 7 年间下沉约 17 米。

（4）对农田土壤的影响。我们通过对采样点取得的数据分析发现，在采空区，土壤含水量最高，而在距采空区 300 米、500 米，土壤含水量则逐渐下降。距采空区越近，土壤呼吸速率先增加后减少。

（5）对小麦生理指标的影响。距采空区越近，小麦花期叶绿素含量越低，且采空区小麦花期光合速率显著低于周围地区。

（6）通过对采空区、距采空区 0～300 米、300～500 米、500 米以外小麦产量的调查，我们发现采空区对小麦产量产生显著影响，即离采空区越近，小麦产量越低。

（7）对玉米的影响。玉米生长前期各区域长势均良好，后期因降雨积水，对采空区周围的玉米生产造成严重影响。

五、治理措施

为改善区域生态环境、缓解人地矛盾，当地政府曾针对沉陷耕地进行充填复垦，但由于缺乏科学指导，如在未稳定沉陷区进行高标准农田复垦，不但没取得显著效果反而带来了较大的经济损失。因此，为了科学有效地治理土地沉陷问题，我们根据沉陷区的稳定情况，将其分为稳定、未稳定两种类型，并因地制宜地提出以下治理模式。

首先，针对稳定沉陷区，我们提出四类恢复治理模式：

第一，针对常年积水区，我们设计了"生态公园建设模式"。将该区域建成一个集景观、生态、教育与经济效益于一体的主题公园。

第二，针对季节性积水区，我们设计了"农渔牧综合开发模式"。充分利用沉陷形成积水的优势，依据生态学原理，改变传统种植习惯，改种水稻、莲藕等，通过挖深垫浅的方法发展立体生态农业，挖深处进行水产养殖，垫浅处进行农林果种植。

第三，针对当地村庄废弃地，我们设计了"林果—畜禽"复合生态治理模式。由于该区域土壤质量较差，农业耕作难度大，可在对建筑垃圾适当清理的基础上，进行林果种植，并在林下发展畜禽养殖，在改善环境的同时带来可观的经济效益。

第四，针对沉陷耕地，我们设计了"集约化生态农业治理模式"。在稳定沉陷区耕作条件尚好的地块，结合区域基本农田建设，发展高效农业种植，或利用生物共存、互惠理论发展生态农业。

其次，针对未稳定沉陷区，我们以暂时利用为主，提出以下三类利用方式：

第一，针对常年积水区，我们提出了"动态开发综合利用模式"，如在深水区进行网箱养鱼，在浅水区种植莲藕等，达到积水区利用的收益最大化。

第二，针对村庄废弃地，我们提出了"畜牧开发利用模式"。由于废弃地仍在不断沉陷，治理难度较大，可暂时进行畜禽散养，如养鸡、养鸭、养羊等。

第三，针对沉陷耕地，我们提出了"农牧草综合利用模式"。对于仍能耕作的耕地，通过简单的工程平整，尽可能地提高耕地生产力；对于不能耕作或季节性积水区，通过种植牧草，发展畜牧放养。

期望我们对赵固矿土地沉陷区展开的调查研究能为煤粮复合区的生态治理提供合理化建议，最终实现鱼与熊掌兼得的目标。我们的报告完毕，请评委老师多多指正！谢谢！

特 邀 评 论

在各个参赛队伍作品展示之后，大会分别邀请了教育部高等学校地理科学类专业教学指导委员会郑祥林教授、南京大学地理与海洋科学学院王腊春教授以及中山大学地理科学与规划学院周素红教授3位专家对赛事进行总结点评。

郑祥民（教育部高等学校地理科学类专业教学指导委员会副主任委员）：

今天大赛的每一位同学都是赢家。同学们经过构思、选题、调查、写作以及反复演练，最终都在这个舞台上展示出了自己的成果和风采，这种锻炼过程对同学们人生的发展起到了非常重要的作用。一方面，今天的比赛对于我们的人才培养与评价体系来说是一个创新，这种创新实践活动锻炼了同学们的实践能力，同学们也展现出了渴望科学、探索科学的精神面貌；另一方面，同学们的演讲效果都相当不错，展现出我们地理学的风采，希望各位领导和老师要把这种精神带回去，发动更多的同学从事创新科研活动，这也是我们地理学人才培养的重要环节。未来会有越来越多的高校争取举办这个比赛，这也说明了这个舞台确实对学生、对学校、对学科的发展起到了很好的作用。最后，非常感谢湖北大学各位老师、同学的付出与劳动；同时希望大家把比赛的精神与风采发扬出去，注重过程而非结果，来了就是冠军，谢谢大家！

王腊春（南京大学地理与海洋科学学院教授）：

从展示效果来看，各参赛高校对比赛都非常重视，队伍的服装穿着都是统一的，同学们也在老师的指导下经过了很多训练。从汇报内容来看，选题都结合了身边的情况。在自然地理组，环境问题、资源问题、土地利用问题得到了大家的重视。我们知道地理学除了技术研究之外，环境保护也是其中一个重要话题，包括环境保护规划、生态规划等。另外，技术进步是研究发展的重要方面，同学们也用了综合的技术进行研究与探索，并提出了一般可行的方法。学生培养与学科发展强调综合创新，虽然对本科生的创新要求相对于研究生较低，但也希望同学们在项目的研究过程中充分考虑创新的可能性。最后，感谢中山大学对大赛的开拓性贡献，也感谢湖北大学为准备这次大会所做的辛勤工作，谢谢！

周素红（中山大学地理科学与规划学院教授）：

首先作为主办方之一，我特别感谢湖北大学为这次大赛的组织工作付出的努力，使得大赛取得了圆满的成功。另外，也非常感谢中国地理学会与教育部高等学校地理科学类专业教学指导委员会的大力支持，以及所有参赛的老师和同学们的支持。我们共同把大赛发展成全国性交流的平台，在促进人才的培养与交流方面发挥了重要的作用。

就本次大赛而言，我认为所有站在这个舞台上的参赛选手都是成功者。他们充分展现了各自的综合能力与素质，并展现出了良好的精神面貌与团队合作精神。在内容方面，各组作品都体现了很好的创新性，很多作品视角新颖，研究方法也科学合理，逻辑思路清晰。

本次参赛作品有以下几个特征。首先，选题研究尺度多样。参赛作品有全国尺度下的地理学议题，比如全国互联网的地域差异现象、农业的主产区及乡村性的变化等；也有一部分区域尺度的话题，如珠三角城镇化中出现的机器代人、北京和周边地区的跨地域的犯罪人口等；更多的是关于城市的研究，包括城市工业布局以及各式各样人文要素的关系等，如茶叶市场类型批发市场的演化、酒吧街文化等；也有一些从微空间的角度来研究的，从小的空间看大的现象，这一类的研究我们是非常倡导的。

其次，各小组运用的方法也比较多样。今天看到的有遥感、城市意象分析、深度访谈、历史分析等方法，运用这些不同的方法进行探讨，展现出各种方法的特点，我觉得也是综合的亮点。在新的发展趋势下，我们需要越来越多的综合性人才，需要跨学科、跨领域，今天大家都体现出了这些方面的综合素质。

最后，我提出几点建议。

第一，后续同学们更需要注意的是，地理科学大赛不是纯粹的地理调查报告，我们需要对一个题目进行深入挖掘，并与已有文献进行对话，从而在理论方面有所提升，给出更有理论意义的研究结论。这对于本科生来讲要求还是偏高了，但这是一个期望。

第二，刚才我们讲到不同尺度的研究问题，其实地方的也是国际的。我们还是希望一些地方的研究能够放在国际的视野，把我们中国的故事与现象放在国际舞台上进行对话，看看有没有更深入的层次可以被进一步挖掘，这样可能会更有价值，也算是后续研究的期望。

第三，很多小组都做了大量的工作，收集了大量的调查数据与资料，但在研究过程中有很多都舍不得丢弃，有时候会画蛇添足。所以建议在后期的调查与研究中，能够更加注重故事的主线与逻辑，围绕某一条主线把研究做好并展现出来。

总体来说，今天所有参赛队伍的表现都十分出色，大家站在这个舞台上都展现出了各自的科研能力和团队精神风貌，上面的建议仅供参考，谢谢！

结　语

　　地理学是一门既古老又年轻的学科。中国高校地理科学展示大赛将地理学理论知识与实践创新相结合，充分激发高校师生的创新创造能力，为中国地理学发展注入强大的推力。大赛从最初的申请设立发展成为现在的国家级赛事，影响力不断提升，赛事规模不断扩大，参赛队伍与参赛作品质量不断增强，在地理创新人才的培养与储备、地理科研模式的创新与发展上成绩突出。

　　张国友（**中国地理学会副理事长、执行秘书长**）：2016年举行的第二届中国高校地理科学展示大赛，给全国地理界的大学生搭建了一个很好的交流展示平台，这项大赛也能够让学生更加重视到自然去获取资料，参与社会的调查，展示我们大学生的风采，这是非常重要的。第二届全国大赛得到了全国各高校的响应，参赛的队伍非常踊跃，这次我们通过前期初选，最后遴选出40支学校队伍参加今天的决赛。我想以后随着我们大赛的成功举办，参加的学校队伍会越来越多，全国的辐射面会越来越大，我想这对地理学的发展是非常重要的。

　　保继刚（**地理大赛发起人之一、中山大学研究生院院长、长江学者**）：这项大赛的起因实际上是我们在珠海的时候，教师们在一起商议如何提高我们学生的培养质量，包括他们的研究水平，以及他们做展示的水平，或者演讲的水平。经过几届之后，这项比赛的影响力越来越大。我们要回到最早设立大赛的初衷，就是要提高我们的培养质量。培养质量有很多方面，只不过把培养质量用比赛的形式，来展现我们各个学校的培养水平。所以我们万变不离初心，就是想尽办法提升我们地理科学培养学生的质量。

　　李兆华（**湖北大学资源环境学院院长、教授**）：这项大赛是全国大学生展现他们在地理上的创新才华的一个平台。

　　周春山（**中山大学与规划学院教授**）：通过举办地理科学大赛，可以引起全社会关注我们国家发展的重大的自然环境等问题。

　　陈松林（**福建师范大学地理科学学院教授**）：地理科学展示大赛是展

结　语

示大学生学习和科研成果的一个非常好的平台。

庹清（吉首大学城乡资源与规划学院教授）：最后衷心祝愿我们这项大赛越办越好、越办越红火。

本次大赛将赛事过程、参赛作品、感悟等集结出版，进行大赛成果综合展示，让更多的人参与到这项活动中来，以期让更多读者了解该项全国性赛事的最新进展，共同关注中国高校地理科学的学科发展。

各部分的整理和校稿工作具体分工如下：谢蔚翰和刘明杨负责前沿和特邀评论，何嘉明和彭伊侬负责"上编　人文地理学"，宋江宇和张济婷负责"下编　自然与综合地理学"。本书由中山大学出版社编辑出版。

附录 第二届中国高校地理科学展示大赛队伍获奖名单

（一）自然地理组

奖项	学校	作品主题	参赛选手	指导老师
一等奖	中山大学	广州市海珠区公共用地土壤重金属污染状况及人体健康风险评估	吕丹娜、孙华欣、林萍、宋爽、徐帅	姚爱军
二等奖	中国地质大学（武汉）	树皮上的硅藻——大气环境指示剂	秦波、江伟霞、彭佳、闫超阳、郑宇坤	陈旭
二等奖	福州大学	气候变化背景下 NPP 对地形和土地覆被因素的响应特征研究	曾靖宇、姜琦、孟雨菲、黄思敏、黄怡	税伟、王前锋
三等奖	武汉大学	寂静的土壤不再静寂	马秀馨、黄颖菁、刘水玲、江颂	陈奕云、费腾
三等奖	湖北大学	丹江口水库面源污染的调查分析——以五龙池小流域为例	喻佳洺、付雅、张嘉欣、胡明艳、王聪	于兴修、庞静
三等奖	泰山学院	山东黄土的秘密——鲁中山地黄土成因、来源的磁化率、粒度证据	张月、赵文轩、宋金铭、韩丹姝	丁敏、赵秋月

最具学术性主题奖：中国地质大学（武汉）

最具创新性主题奖：中山大学

最佳男选手：中山大学 徐 帅

最佳女选手：武汉大学 马秀馨

（二）人文地理组

奖项	学校	作品主题	参赛选手	指导老师
一等奖	中山大学	珠三角城镇化新进程——基于机器代替人的视角分析	周钰荃、吴金京、陈子琦、颜淼、陈健	李郇、王少剑
二等奖	福建师范大学	分化、固化与消化：贫困代际传递及其精准阻断——基于宁德市的调查分析	傅雨瑶、陈子越、许诗吟、陈宏恺	祁新华、林峰
二等奖	河南大学	基础设施时空共享模式——基于大学生时空轨迹数据的分析	张茜、徐杏琳、张颖、司博	翟秋敏、张丽君
三等奖	华南师范大学	为了阳光上学路——GIS视角下小学教育资源空间均衡性的地理学探索	林铭亮、黄海燕、曾晓岚、陈团培、卢诗铭	赵耀龙
三等奖	中国人民公安大学	地缘关系重构：连接犯罪的纽带——中国跨地域犯罪网络研究	王海林、朱冠宇、王钢强、郭雅琦	陈鹏
三等奖	南京师范大学	南京市新能源汽车充电桩空间布局研究	杨瑜玲、周文浩、胡昊宇、周健、贺一舟	汪涛、刘军志

最具学术性主题奖：河南大学

最具创新性主题奖：河南大学

最佳男选手：南京师范大学　周文浩

最佳女选手：长春师范大学　刘师岑

（三）最佳组织奖

中山大学、湖北大学、吉首大学、河南大学、重庆师范大学、山东科技大学